# Change & Transform

想改變世界‧先改變自己

Change & Transform

想改變世界・先改變自己

Soulful Simplicity

How Living with Less Can Lead to So Much More

# 療癒人生

## 從衣櫥只留33件單品開始

### 從心簡單，我治好了重症、花錢惡習和混亂人生

蔻特妮・卡佛 Courtney Carver 著　謝佳真 譯

李茲文化

## 推薦序一／從清理衣櫥開始，迎來清爽自在的人生

前兩週，我為了工作上的一點不順心，感到情緒低落。我在宜蘭市區辦完一點事，信步走到附近的美術館，看看藍蔭鼎和楊英風的作品聯展。站在一幅幅的畫作前，映入眼簾的是昔日宜蘭風光：農夫在夕陽下趕著牛車歸家；老厝門口雞鴨悠然踱步；婦女在小溪邊嘻笑浣衣；三五鄰人枕肱翹腿共賞中秋明月……我忽然胸中怦然一動，站在畫廊中，對著畫作中莊稼漢的樸實笑容，思索起自己最近的生活。

沒錯，作為一個職業婦女，我一直十分的努力。我賣力教書、開創事業、積極理財、追求成功；我也親自烹煮三餐、照顧兒女、整理家務，幾乎不假手他人。對於職場上的各項邀約，我盡力而為，幾乎不曾開口拒絕；對於家人的需求，我也竭盡所能地滿足，覺得那是我的職責所在。但是，為什麼就在看似美滿的生活當中，我卻感到如此的疲累？

霎那間，我領悟我的問題所在。在「加法」的生活當中，我每多做一件事，緊接而來的就是多一份的壓力與多一份的責任；每多做一份投資，我便需要更多的收入去負擔支出。到底我需不需要擁有這麼多的頭銜？我想要過的是一種什麼樣的生活？我追求的快樂是什麼樣的形式？我要留給孩子的究竟是財富還是回憶？想到這裡，一切便豁然開朗。其實回到初衷一點都不難，只是，需要一些決心、一些方法、一些手段。

蔻特妮·卡佛，原本是一位忙碌的廣告業務主管。在經歷過一段糟糕的婚姻，又得

了「多發性硬化症」之後，她豁然領悟，人生的幸福，從「簡單」開始。於是，她在搶救自己的健康、減除壓力的同時，也決定做出生活的重大改變：「療癒人生從衣櫥只留下33件單品開始」。三個月內只用33件衣褲單品精簡穿搭，從清理衣櫥開始，進而丟掉生活中不必要的囤貨與收藏，理清信用卡債務，從大房子搬進21坪大的小房子。

生活的美好，本在於「愛」，在於「活在當下」，在於細細品味生活，在於閱讀、寫作、散步、瑜伽，在於大自然。當心靈充滿平靜，慾望自然減少。生活的簡單，反而快樂。這個道理理解不難，多數人也認同，不過執行起來並不容易。卡佛在書中以四十個學會「放手」的方法，吸引了成千上萬的粉絲仿效，我亦發現其中有許多是我多年來生活的方式。

首先，不要以「購物」來療傷止痛。買東西、再花時間去整理你不需要的東西，不如乾脆一開始就別去買它。心情不佳的時候，以健行、運動、閱讀、談心代替瞎拼。其次，「做你不甘願做的事，才能成為你想成為的人」。對於晨起懶惰的壞習慣、飲食的惡習、缺乏運動……要做出改變，才能擁有新生。再者，自信建立在自我的樣貌之上，而非衣著，我相信對大多數的女人，都是一記當頭棒喝。最後，「別以為學校接女兒回家，就是陪伴她」，再是真理不過！

準備好了嗎？從清理衣櫥開始，33件單品，妳將清爽面對妳的人生！

——親職專欄作家　陳安儀

# 推薦序二／這是一本溫柔的理財書

你大概無法想像，幾年前，我的衣服，掛在了浴缸上。

它們或長或短、或寬或窄，跟大把大把的漁網似的，密密麻麻、層層疊疊，搭在了橫跨浴缸上的塑膠桿上。桿中央微微下沉，像馬戲團懸空的繩索，讓人擔心。

浴缸的地板上，鞋盒砌起了整個牆面。牆面下，散落著皮帶、包包、髮帶、內衣……像動物園「蛇類展示區」的蛇，一捲一捲，蜷曲地到處都是。

我有28雙鞋子、45件t-shirt、60條裙子、142件上衣；我有波西米亞風、簡約風、運動風、法國巴黎風、日本森林系女孩風……千變萬化、目不暇給；我就是混亂，就是本書作者蔻特妮．卡佛的過去。

理財之後，我的改變，就從衣櫥開始。

我跟蔻特妮．卡佛一樣，清點衣櫥裡的所有東西，留下幾件關鍵單品；拿走浴缸上的塑膠橫桿，清空牆面上的鞋盒……幾乎在整理的第一時間，我就開始感覺療癒。

《療癒人生從衣櫥只留33件單品開始》說，整理、簡化衣櫥的過程，是一個打造、釐清自己的過程——你的靈魂會被淨化，生活會被精煉，你會回到內心，打開你的感官，重新認識自己。

這個過程，會讓你看到自己欲望的輪廓，從而依照這個輪廓，畫出一個豐盛、被滿足、而無「其餘過剩」的自己。

這個過程非常有意義，這本書將溫柔地帶領你，用具體的步驟，清理、澄清、重整自己。

這是理財的第一步，也是快樂的第一步，推薦給你。

——暢銷理財作家　十方（李雅雯）

## 推薦序三／練習好好放手，回到簡單卻更好的你

我們已經習慣了複雜，所以要回到簡單是很困難的，因為簡單等於要放棄許多已經擁有的。但卡佛告訴我們人生最要緊的是把時間與空間留給你的摯愛，而不是留給那些常常搞砸你人生的繁瑣事。卡佛更說了多一事不如少一事，不是為了逃避，而是要讓自己的人生做得更好，好的決定本來就沒有這麼多，練習好好放手回到簡單，並沒有想像中的難。這本書將幫助生活索然無味、心靈空乏寂寞、工作勞碌茫然的人，都可以從「心」開始，找到對應的解方與答案。

——閱讀人社群主編　鄭俊德

# 推薦序四／收拾好散亂的人生，就可過幸福的日子

關於物質世界的一切，其實都是我們內在信念的投射，而這一切的連鎖效應，更與我們對生命的詮釋、愛人的方式，也與自身健康是互相牽連！凡人總習慣將一切不順遂歸咎於外在因素，認定是別人讓我們無法自由的呼吸、是別人限制了我們未來、是別人這樣、是別人那樣……

但究竟是樹在動、風在動、還是心在動？

本書的作者藉著書中的章節，一步步教導讀者將焦點慢慢收攝回自己身上，讓心回到存在感的核心，「讓心臨在」，然後方能看清外在雜亂的空間其實是內心慌亂的投射，身體上的病痛其實是源於心裏的糾結、衝突與勉強。回歸本心，才能一步步學會如何建構自己真正想要的身心品質。

心平氣和，後有豐盛。而這樣的「豐盛」，恰與我在分享的「幸福頻率」理念不謀而合。能夠把自己調整剛剛好、恰恰好，就是簡單知足，迎著春日涼風，愜意的過日子！

——華人網路心靈電台共同創辦人　安一心

## 來自個各界的讚譽

物質生活愈豐盛就愈快樂的謬論存在已久。快樂學的研究與卡佛這本出色的新作則帶著我們看見真相：簡簡單單的生活照樣可以帶給我們快樂、喜悅、愛。

——尚恩・艾科爾（Shawn Achor），快樂學專家，《哈佛最受歡迎的快樂工作學》（*The Happiness Advantage*）作者

蔻特妮・卡佛提醒我們，精簡之道可不只是追求秩序井然，重點是回到愛的懷抱。近藤麻理惠憑著純然的才華教導我們如何清理家中的雜亂；現在，輪到蔻特妮・卡佛帶我們走進更深刻的層次，精煉我們的生活，跟生命中最重要的事物重新搭上線。

——強納森・費爾茲（Jonathan Fields），《如何活出美好人生》（暫譯，*How to Live a Good Life*）作者

在這個世界上，太多關於極致減法生活的討論只觸及了斷捨生活環境裡的東西，但本書倡導的生活方式則多了另一項要素，也就是「滿滿的愛」。其中很大一部分是觀照自己內心的需求，蔻特妮也教導我們如何聽見來自內心的訊息。

——凱特・弗蘭德斯（Cait Flanders），《不消費的一年》（*The Year of Less*）作者

一部讓生活回歸單純的指南，內容真摯而務實。這本書逗得我時而哈哈大笑，時而會心微笑，啓發我致力追求零雜亂的生活，將那些填滿生活的無用之物都清除乾淨，把空間騰出來留給真正重要的事物。生活不再總是忙忙忙、趕趕趕或滿滿滿，而是沉思、創造、與心愛的人連繫情感，還有投入我喜愛的計畫。

——安潔・徹諾夫 (Angel Chernoff)，
作家、「馬克與安潔的生活祕技」(Marc and Angel Hack Life) 網站負責人

蔻特妮・卡佛的新書就像一份實用的路線圖，一路指引我們擁抱簡約之美，為生命中最重要的事物騰出空間。

——愛莉・艾德華茲 (Ali Edwards)，雕琢故事公司 (Craft the Story™) 創辦人

一部感性又溫暖的指南，教人如何在家裡開創更多的空間，在生活中創造出更多的時間，在心裡生出更多的愛。卡佛的個人故事給了我們強而有力的啓發，督促我們日子要過得簡單一點，要更用心地生活。

——法蘭辛・潔伊 (Francine Jay)，theminimalists.com 創辦人

蔻特妮・卡佛深知簡化生活不是只要清除雜亂就算數了，重點在於建立生活習慣、感恩、紀律與愛。

——約書華・F・密爾本（Joshua F. Millburn），theminimalists.com 創辦人

蔻特妮・卡佛在書中毫不保留地敞開真心，分享實用的精簡之道。她為我們闡釋了簡單的生活不是只有清理衣櫃跟堆放雜物的抽屜。她娓娓道來精簡生活讓我們找回情感的連結、平靜的心、健康以及愛。

——譚美・史楚貝（Tammy Strobel），RowdyKittens.com 創辦人

這是你會擺在廚房桌子上，遇到有五分鐘空檔時就會拿來翻一下的那種書。我很喜歡卡佛以親身的經歷啓發讀者，然後牽起你的手，帶你一起走完締造真正改變的過程——也就是你想要創造的那些改變。在書中俯拾盡是金玉良言！

——蘇珊娜・康威（Susannah Conway），《我所知道關於拆解心的祕密》（暫譯，*This I Know: Notes on Unraveling the Heart*）作者

蔻特妮・卡佛是謙遜、誠實、真摯的人，她邀請我們每個人在生活裡創造更多簡約，而且提供實用的藍圖，協助我們以各自的獨特方式達標。

——約書亞・貝克（Joshua Becker），「成爲極簡主義者」（Becoming Minimalist）網站創辦人及《擁有越少，越幸福》（*The More of Less*）作者

蔻特妮的故事在許多方面都令人心有戚戚焉，她讓你見證她的困境，所以你能夠理解她採取了哪些身體上及精神上的步驟，來脫離真的差一點害死她的生活壓力。這本書逗得我時而哈哈大笑，時而嘴角上揚，啓發我致力追求零雜亂的生活，將那些填滿一般人生活的無用之物都清除乾淨，將我的空間騰出來，保留給真正重要的事物。生活不再總是忙著、趕著，充滿了壓力，而是沉思、創造、與心愛的人花時間在一起，還有投入我喜愛的計畫。

——安潔．徹諾夫（Angel Chernoff），「馬克與安潔的生活祕技」（Marc and Angel Hack Life）網站創辦人

要是整理一下東西就有效的話，你的生活早就秩序井然啦。把這本書買回去，看一下人家的「怎麼做」策略，更重要的是了解「為什麼要這樣做」。

——德瑞克．席佛斯（Derek Sivers），sivers.org 創辦人

獻給蓓莉和馬克

你們給了我呼吸的空間，療癒的時間，

還給了我愛，豐沛無比的愛

第一部曲

## 打造我：第一步是「從心簡單」

當你不遵循自己的心去生活和工作，遲早會失常或崩潰，或兩個都中。

## 第二部曲

### 打造空間：清除債務與雜物

想釐清什麼是重要的事物，就清掉所有不重要的。

## 第三部曲

## 創造時間：抵制忙碌

事事都想顧全，只會事事都不能樂在其中。

第四部曲

## 打造愛：愛才是真正要緊的事

簡單的生活是回歸愛的路。

引子

# 貪得無饜

我對人生堅信不移的事，統統在一通不到五分鐘的電話中翻盤了。我是在公司的小隔間接到電話的，當我聽見「妳得了多發性硬化症」，[1]唯一的念頭是：「不會吧！」壓根沒想過我會染上不治之症，我的健康、活躍的生活形態、工作在一瞬間全都陷入了危機。萬萬想不到人生會給我一記無法漠視的當頭棒喝。但話說回來，我也從未想過自己的債務可以歸零，雜物歸零，壓力也幾乎歸零，而且從事讓我人生有了無與倫比的意義的工作。

暫且先回到我的當頭棒喝。不管決定給我當頭棒喝的傢伙是誰，這傢伙很清楚這一棒一定要打得夠重，否則絕對引不起我的反應。之前，這傢伙只用細語叮嚀來提醒我，可是我都不理不睬，那給我來個多發性硬化症呢，這下子我可豎起耳朵啦。我從八百年前便關閉耳朵，拒絕傾聽來自身、心、靈的傾訴。我的生活只有反射動作，不管遇到什麼狀況，我一概用反射動作解決，敷衍了事，只求能夠應付生活所需，並且守住我在將近十年前許下的誓言，也就是永遠都要給女兒更好的生活。

## 決裂

我嫁給一個不愛我的人，他沒辦法給我愛，而這段婚姻維持了七年。我在這段婚姻裡碰上這輩子最慘的幾樁際遇，但也經歷了一些最極致的美好。比如，要不是有第一段婚姻，女兒不會來到我的生命。在我的心目中，她比誰都重要。第一段婚姻帶給我的另一項助益，是我從此以後，認清了自己無論如何不能容許哪些狀況停留在我的生命中。我不要時時刻刻都在傷心、害怕或擔憂。我說不上來

1 一種中樞神經系統產生病變的慢性疾病，通常在腦部或脊髓產生大小不一的塊狀髓鞘脫失所致，會影響肌肉協調能力、導致視力減弱、阻塞或延遲神經訊號的發出和接收。

自己究竟想要什麼，但我知道自己想要的不會只是排除那些狀況而已。

那段婚姻有黑暗面：惡言相向、酗酒、不信任、強烈的失敗感。前夫的言語凌辱、灌個不停的酒、漫天撒謊、花錢如流水，這些都糟糕透頂，最後他把我的心踩在腳底下，這才是我徹底對他絕望的關鍵。在女兒呱呱墜地的那一天，我第一次為她換尿布，當時我才剛做完緊急剖腹手術的那幾個鐘頭，我發現如果不離開女兒的身邊，便拿不到乾淨的尿布。我請先生幫忙，他的回應大致是：「喂，妳給我像樣一點。我不會一直都在，妳得學會自己帶小孩。」他賞我一記白眼，而我暗自心想：「哼，我會的。」就在那一刻，我默默向自己發誓，總有一天要給女兒更好的生活。

前夫不時冒出這一類令我心寒的話，直到我們不再對話為止。他搬走之後，我以為我們可以開始療傷止痛。我希望他和女兒維持父女關係，可是有一回我去他那裡接女兒，看到幾個啤酒罐從他車子駕駛座底下滾了出來，我便向法院爭取他只能在旁人監督下探視女兒。法院否決了我的請求，說他有保護自己人身安全的權利。我們最後一次見面時，他說：「眞希望妳趕快死一死，我才可以自己扶養女兒。」我聞到從他嘴裡飄出來的啤酒味，看見他鄙夷的眼神。我再也不在乎法院怎麼說。他沒有揍過我，但我不想繼續冒險了。我必須保護我的女兒、我的心，還有我的命。

當我終於和他一刀兩斷，我在司法上唯一的勝利是取得女兒的單獨監護權。我別無所求，然而隨之而來的責任幾乎全都落到了我頭上。我一點都不在意，女兒是唯一要緊的事。我的債務、訴訟費都隨之更加吃重，對未來的不確感也攀上新高，但我堅守自己的誓言，決心給女兒更好的生活。我要給她全世界。我工作要更拚，賺更多錢，給女兒買更多東西，爲她做更多，向她證明一切都會否極泰來。我壓根兒不曉得，這個新目標對我的心來說一樣苛刻，殺傷力強大。

## 只剩母女倆相依為命

重返單身之後，我就得設法應付所有日常開銷。我全職工作的年薪是一萬七千美元，女兒整天都待在日託中心。我沒收到贍養費，也不打算追討，省得又陷入雞飛狗跳之中。我每個月支付的託育費用和房租超過一千一百美元，月薪只有一千四出頭。此外還要負擔水電、買菜、治裝、保險、車貸等等，不夠的就靠信用卡。我希望母女倆相依爲命的第一個聖誕特別一點。小時候，我們家的聖誕節排場一年比一年盛大，禮物愈堆愈多，而我要女兒也得到相同的待遇。然而，別說是堆積如山的禮物，我連一份禮物都買不起，因此，凡是想得到的店家聯名信用卡，我全部去申辦。我原有的信用卡都瀕臨刷爆，但只要有幾張聯名卡申辦成功，有了幾百美元的信用額度，應該就能給女兒一個夠像樣的聖誕節。我到底吃錯什麼藥了？那時我女兒才三歲，根本還不懂得享受收禮物收到手軟的滋味，然後到了一月一日，這些開銷的苦果便砸到我頭上。我，不能再這樣下去了。

我向州政府申請救濟金，問題是我的收入超過了一點點，不符合資格。他們建議我辭職，再請領政府的所有補助，但我認爲這是免談的。於是我換了一份差事，雖然更累，但薪水優渥很多。就這樣，我有了第一支手機和我的第一張佣金支票。我成功了。我越賣力工作，收入越漂亮，錢也花得越兇……即便如此，**我卻還想要更多**。

我的佣金是每季結算一次，有了這筆現金的挹注，我打死都不想多掏一毛錢出來償還卡債。我反而帶著女兒去逛街。有好一陣子，我們會上館子，做了所有之前不能做的事。我們去 Club Med 度假村玩，而且是一年兩次，此外也跑了不少其他地方。我工作那麼辛苦，那麼忍氣吞聲，我以爲我們理應得到更多。

**劇透警告**：雖然當時我絕不會說出口，但我的確想要更多——**更多的愛**、**與人的連結**、**歡笑**、**冒險**。這些事物都太難以衡量，於是我多多賺錢、多多工作、多多揮霍，也多多囤積。

## 三人行

我剛滿三十歲的時候，認識了我第二任的先生馬克。如果你相信靈魂伴侶的說法，我想他就是我的靈魂伴侶。我們第一次約會的時候，因爲母親來探望我，所以我在出門時想把蓓莉交給媽媽照顧，可是蓓莉哭了，這時馬克問我：「不然，我們帶她一塊去，如何？」那時我知道他可能是我的眞命天子，因爲他已經在關心**我們母女倆的心**。他的姊妹介紹我們認識，在第一次約會之後，我跟她說，我不曉得馬克是在跟我交往 (date)，還是在跟我交朋友。在那場對話之後的傍晚，馬克寄了電子郵件給我，主旨列寫著「date」。在信文中，他列出了自己查到的 date 字義，有水果，[2]有預約會面，還有浪漫的約會。他說他很樂意再帶我去約會，以清除我對他的所有困惑。這便是我們倆愛情故事的開端。

我們早期的約會常常是去山區健行，或是去新英格蘭的阿帕拉契山俱樂部的小木屋過夜的探險行程，不然就是大清早跑去滑雪中心，當第一組客人。在十次約會裡，有九次會帶蓓莉同行。我們三人越混越熟，不久我便愛上了馬克和那些山徑。健行、滑雪及其他的冒險活動成爲我們培養感情的主軸活動。在新罕布夏相知相愛六年後，我們搬到猶他州定居，好離我的父母近一點，同時多多親近我們之前來玩時就愛上的山區，後來我們也決定結爲夫妻牽手一輩子。在馬克向我求婚後的第二天晚上，他徵詢蓓莉的同意。他給了蓓莉一個小盒子，裡面裝著他祖母的戒指。他請人在戒指刻上 jag älskar dig 字樣，這是瑞典文的「我愛妳」。他在盒中放了一張小紙條，寫著：「妳願意做我的女兒嗎？」我們爲了在猶他山區的新冒險而興奮不已，也很開心要以一家人的身分共同生活。我們有薪水優渥的工作，買了有院子、車庫、閣樓、儲藏室的大房子。我們添購新的家具和房車，買齊了我們以爲營造幸福人生不可或缺的所有東西。我們想要擁有一切。然後在我們說「我願意」的一年後，多發性硬化症危及了我的健康、新婚生活，和我們活躍的生活形態。

## 失常

這些事累壞了我，代價就是我的健康。**我汲汲營營追求一切，忘了自己早已萬事俱足**。我很快便明白了一刻不得閒的日子讓我病倒。

多發性硬化症的成因不明，也沒有解藥，但我相信自己的身體透過這種疾病來否決我目前的生活形態。我的生活形態雖不是病根，卻加重了症狀，促成一再復發。我盡力讓生活面面俱到，但我的心對這樣的拚命沒有共鳴。當**你不遵循自己的心去生活或工作，遲早會失常或崩潰，或兩者都中**。我做更多工作，擁有更多事物，應付更多事，試圖向身邊的每個人證明我可不只是這樣而已，而這狀態耗損了我的精神，也眞的搞垮了我的身體。

我會告訴各位我的病情診斷，但這本書不是要談我的多發性硬化症。我想談的是多發性硬化症啓發了我做出什麼改變。起初，我以爲這場病會毀了我的一切，

2 date 是椰棗。

事實上它卻是在許多方面拯救了我。當我得知壓力會嚴重傷害多發性硬化症的患者、自體免疫疾病的病人，以及所有承受病痛的人，我決定要竭盡所能地消弭壓力。我要帶著多發性硬化症好好過日子，要活得比確診之前更有品質。**當我刻意放慢腳步，簡化生活，便立刻看到療癒的效果**，而大部分的療癒跟多發性硬化症無關。我開始摸索**身體的需求**是什麼，而我的**心又想要什麼**，在這樣的過程中，契合靈魂的簡約之道便悄悄浮現了，並改變了我的生命模式。這不是靈性的覺醒，也不是那種「迷信怪力亂神」的時刻。而是以溫和的態度，老老實實地面對我生命裡最要緊的事。當我開始詢問自己什麼最重要，辨識出什麼無足輕重，我便發現了真正可以打動我的心與靈魂的事物。**我花時間聆聽自己的心聲，我學會信任答案，開始過簡單而契合靈魂的生活**。

這不是我第一次考慮簡化生活。早在幾年前，我便拜讀過薇琪．魯賓 (Vicki Robin) 與喬．杜明桂 (Joe Dominguez) 的《跟錢好好相處：幸福的關鍵，是找到金錢與人生的平衡點》(*Your Money or Your Life*)，覺得書中的概念棒呆了，但當時我欠了一屁股債，在大部分的生活領域中也拚命過頭，很自然便把簡化生活的想法拋諸腦後。事實上，我放棄簡化生活的真正原因卻是覺得那似乎太困難。要維持我原本的生活並不容易，但好歹我知道該怎麼做。宣揚精簡之道的作家愛琳・詹姆斯(Elaine St. James)說：「我們讓生活保持複雜，其中一個原因是不想聽見內在的聲音告訴我們該怎麼做，才能活得比較像樣。」

我向簡單的生活靠攏，靠攏的意思是我慢騰騰地起步。我看到簡化生活的潛力，但**我不要翻天覆地扭轉生活。劇烈的變化只會增加我的壓力**。這種靈魂的精簡之道不但要契合我的心與靈魂，還要契合我們一家人的心與靈魂。我一向習慣一口氣改變一切。這回不一樣了。這回**我一次作一項改變，不計較要耗上多少時間。然後，將這一項改變帶給我的動能與自信，拿來開啓下一項改變**。

漸漸地，我開始看出**簡單的生活如何將我的恐懼化為希望，讓我比生病之前更健康、更快樂**。久而久之，我們一家人便擁抱起簡單的生活，發現蘊含在簡單中的靈魂之道。結果，我的身心狀態都有了起色，還把生活改造成從未想過的樣貌。現在，我的生活跟十年前截然不同，比以前強多了。儘管我大幅簡化了原本的生活，但改變的手段相當溫和。在這樣的過程中，我發現精簡之道的核心精神並不是把事情整治得有條有理，也不是單純的捨棄東西。這兩者是簡化的機制，也當然是簡化的一環，但**簡化的首要精神是在家裡騰出空間。簡化也關乎在生活裡創造**

**更多的時間，在心裡創造更多的愛。**我學到的是，生活眞的可以更簡單，卻更充實。

在二〇一〇年，我開始用部落格記錄這一趟簡化之旅，想串聯志同道合的人分享自己的心得。我分享了美好的一面，比方說，我最後一次在院子辦了空前絕後的出清舊物，從五十六坪的房子搬到二十一坪的宜人公寓；我也披露不愉快的一面，比如我在天人交戰一番後才割捨掉爲了「以防萬一」而保存的物品。還有，我甚至公開了自己醜陋的一面：我展示了價値兩千五百美元的美妝品囤貨，思忖著自己是如何落得成爲月光族。在網路上公開自己的生活很嚇人，但效果卻値回票價。我邂逅了最窩心、善良的人，如今我的事業就是透過寫作和演講傳遞簡約的力量，而分享自己的故事，則改變了我的一生。

在此應該交代一下，這不是我應該寫的書，也不是別人說我應該寫的書。這是我打從心裡想寫的書，是我需要完成的作品，好讓跟我投緣的人也能作出改變——也許這個人就是你。我相信只有在心連心的時候，才能觸發改變，所以我唯一的選擇便是將我的心意寫進本書的每一頁，讓我的心有機會與你的心相連。寫這本書是爲了與你分享我的靈魂精簡之道，或許能助你一臂之力，讓你發現自己的版本。如果你厭倦了口袋空空、壓力沉重、工作過勞、永遠趕不上進度的生活，那麼簡化你的生活可以讓你的生命更有目標、更有計畫。頭痛、焦慮、抑鬱，或是總覺得要被壓垮了，通常就是生活「太滿了」的苦果。你不必罹患多發性硬化症或其他疾病，也能從縮編、減法的生活中受益。當醫生診斷我得了多發性硬化症，那是我覺悟「夠了就是夠了」的一刻。你的覺悟點可能跟我不一樣。

我大刀闊斧地改造了四個生活領域，分別是：**健康**、**空間**、**時間**、**愛**。我選擇活得精簡，反而從這四個領域得到更多的回饋。我作出的每一項重大改變，都是由幾百個小改變與故事堆疊出來的成果。在後續的章節裡，我會分享這些改變的步驟與故事。我會告訴你是什麼讓我重拾健康與愛，還會請你想一想，什麼樣的作法才適合你。開始思考什麼是你真正要緊的事。如果一開始時沒有頭緒，別擔心。**有時候你得先清除不重要的東西，才會看見真正重要的事物**。在每一部曲的結尾，你會看到一個「將雙手貼放在心房上」的聆聽心聲練習，我會列出各式各樣的小步驟，讓你可以邁向你的靈魂精簡之道。當你簡化了生活，會創造出自己需要的時間與空間，供你聆聽自己的身體、認識你的心、連結到你的靈魂。簡化生活沒有一體適用的方法，希望我的故事會激勵你踏上極簡之路，然後滿載而歸。

第一部曲

# 打造我：第一步是「從心簡單」

當你不遵循自己的心去生活或工作，
遲早會失常或崩潰，或兩者都中。

我忘了自己是誰。應該足足有八百年的時間，我忘記自己是誰。表面上，我一副了然於心的樣子。大半時候，我甚至相信自己知道「我是誰」，但從我建構的生活方式來看，顯然我忘得一乾二淨。有時候，我會思忖起要是沒有犯下那些錯，現在的人生會不會更美滿，但我極少冒出這種念頭。我敢打包票，就是因爲我曾迷失方向、失去連結、腦袋混亂不清，才能夠在走出陰霾之後漸入佳境，而我體驗到的感恩之情，是只有曾將自己的心棄之於不顧的人才有的體悟。不做自己非常累人，會讓人由內而外地崩潰。化繁爲簡是我記起自己是誰的方法。當我們聽到簡化生活的益處，第一個想到的就是整整齊齊的放襪子抽屜、乾淨的流理臺、井然有序的書架，但如果你想要簡單的生活，要做到的事可不是只有這些。

**記起自己是誰、連結自己的心、打造出全新的自己——這些全是簡化生活的驚人效益。**你原本知道自己是誰，但所有的東西、責任與義務、瘋狂的生活擋住了你的去路，障蔽了你的視野。甩開一切不重要的事物，會讓你記起自己是誰。去蕪存菁不會改變你的本性，只會帶你恢復你眞實的身分。簡化生活是邀請你由外而內，開始剝除浮濫的層層堆疊。**一旦你去除了所有掩蓋你、絆住你的事物，你便可以走進自身，回歸你的心，重新做你自己。**

我的靈魂精簡之道始於我開始打造我自己。當我開始一點點記起了自己的身分、自己的立場，記起是什麼能讓我綻放笑靨，我便想要更深入探究。**我每放下一件事物，便往真正的自己跨出一步**。隨著我創造出越來越多的空間、時間與愛，我記起了自己。這些年下來，我更全力捍衛自己對心及靈魂的連結。光是記起並不夠。我正在憶起自己、認識自己，而我必須在這個根基上不斷深耕。持續關注自己是誰讓我更樂於付出、更和善，還讓我幾乎無入而不自得。我只能相信**精簡之道以我或許永遠無法完全理解的方式，灌溉了我的健康與感情關係**。

本書的第一部曲從我們開始談起：打造我，也打造你。我想這是最適當的起點，因爲自己是一切的起點。

第一章

# 諷刺的診斷

我感覺得到含釓的顯影劑在血管裡挺進。一股熱意從我的手臂往上竄，慢慢擴散到全身。我知道自己的臉在發紅。當他們將我送進磁振造影儀裡面，我噁心想吐，驚慌失措。「在這裡面不能坐起來。我會吐出來，再被自己的嘔吐物嗆到。」我的頭部在緊閉的塑膠罩裡面，手臂垂放在身體的兩側，儀器開始晃動，聽起來像一萬支電鑽。直到那一刻，我才由衷感到害怕。幾個月來，我一直在對抗暈眩、疲倦跟其他症狀，認定一切全是壓力和耳部感染惹的禍。那陣子我在鍛鍊體能，打算在二〇〇六年春天去鹽湖市的哈蒙，響應一場一百五十公里的騎單車活動，爲多發性硬化症的研究募款。由於在戶外練車仍然太冷，我都去我們家附近的活動中心做室內訓練。

我對多發性硬化症所知不多，但我的老闆約翰是病友。我在一家出版公司工作，老闆是輪椅族。剛開始上班時，我不知道他的身體有什麼毛病，又不好意思問。儘管他是輪椅族，精力卻相當旺盛。他爲公司盡心盡力，在出版業的高壓環境裡如魚得水，而且只要逮到機會，還會自己攬更多事提高壓力。最後，我發現約翰柔軟的一面。雖然約翰和他的妻子跟我是截然不同的類型，但我非常敬重他們。他們夫妻倆是壓力越大越帶勁那種人，但那股壓力深深地改變了我。等我跟他們混熟了，也在公司待了將近兩年以後，我決定爲多發性硬化症的研究略盡棉薄之力，參與一百五十公里的單車募款活動。我不曉得自己能不能騎完全程，但是我想要放手一搏。我要爲多發性硬化症籌措研究基金，不過最重要的是爲約翰而騎，爲他柔軟的那一面而騎。

那一年的春季我忙得不可開交，有好幾件事可能加重了我的症狀，讓我決定去做檢查。我的工時已經夠長了，還自告奮勇要主持女兒學校的年度拍賣會。另外，我稍微偏離我的單車訓練計畫，去德國拜訪了我的妹妹。我很高興自己要跟妹妹以及她的老公、小孩見面。我們不常見面，因爲我們中間隔著一座海洋，但我們幾乎每天都會講講話或是互傳訊息。小時候，我們的感情並不是一直都很融洽，但我們隨著年歲增長一年比一年親密。蓓莉和馬克陪著我去，大夥兒共度了愉快的時光。但我們下午喝普羅賽克氣泡酒慶祝姊妹團圓，晚上又熬夜，讓我原先已累壞的身體更是操到徹底累垮。加上我要追上工作上的期限，還有時差，怪不得回家時老覺得人不舒服。而爺爺也在那一年春天過世。研究顯示，壓力會造成多發性硬化症發作或復發。我只是應付著瘋狂的生活，努力維持生計，勉強撐下去。表面上，我看來生活得四平八穩，內心卻感覺像在地獄中煎熬。而失去爺爺更像是壓垮我的最後一根稻草，讓我失去了平衡。

爺爺過世前，一直是住在一間阿茲海默症的照護機構裡。每次去探望他都讓我心如刀割，因爲他始終認得出我，卻記不清楚他爲什麼會住在那裡、爲什麼他的駕照不在身邊、爲什麼他原本的生活蕩然無存，儘管如此，他依然繼續在那裡生活。在他離開人世的那一天，我幾乎整天都陪著他。他閉著眼睛躺在那裡，但感覺並不平靜。他焦躁不安，沮喪，靜不下來。其實，他很火大。雖然意識不完全清醒，舉止卻兇巴巴的，不時還會喃喃自語。有些事永遠不會變。他不停地舉起手臂說：「我要起來，拉我起來。」一遍又一遍。我會攙扶他坐起來，拍鬆他的枕頭，然後他相同的流程又重複一遍。我沒辦法讓他舒服一點。我曾經失去一些親友，我的朋友、奶奶和其他的遠親，但他們走的時候我都不在場。我聽說人會安詳地嚥氣，但爺爺不是。他的情緒不穩定，甚至有點惡劣。

我作了幾個月的噩夢，夢中的爺爺會向我咆哮：「我要起來，拉我起來！」爺爺丟出那些話的情景糾纏著我。直到他撒手人寰六個月後，我和我們教會的一位牧師一起喝杯咖啡，我才有辦法開口告訴牧師說，我很氣憤上帝讓爺爺走得那麼不平靜，而我卻愛莫能助。我不能撫平他的痛苦。我複述爺爺講的話。我說：「他一直在對著我嚷嚷，舉起雙手說：『我要起來，拉我起來。』」牧師默默想了一下，以非常實事求是的口吻說：「也許他不是在跟妳說話。」

當我躺在磁振造影的儀器裡，我一一回想這些壓力沉重的時刻，用力嚥下從喉嚨往上湧的膽汁，忍住淚水和驚慌，困在那個狹窄管子裡的我開始祈禱，或是哀求，或是包含兩者的複雜情緒。「拜託不要讓我死在這臺機器裡面。拜託不要讓我得腦瘤或是其他棘手的疾病。讓我離開這裡。讓我離開這裡。」我說的「這裡」是指機器、醫院、那一天、噩夢。讓我離開這裡。

我活在壓力的完美風暴中：睡眠不足、工作過量、時差、日常生活的壓力、失去一位我愛了一輩子的至親。先是暈眩，接著是排山倒海而來的疲倦、雙手有刺痛感、局部的臉部麻痺。我感到悲傷、疲憊、精疲力盡、病懨懨。我以為暈眩是耳朵感染造成的，醫生也這麼想，至少他是這樣跟我說的。兩週後，我依然不能直線向前走，更別提騎單車了，於是我回去看醫生。我們從頭部的磁振造影開始檢測。我的病變顯示身體出了狀況，但不確定是什麼問題。我接受更多檢驗：耳部測試、眼睛測試、脊髓磁振造影、心臟超音波。我會不會是小中風？我得了漸凍症嗎？直到最後一項測試，腰椎穿刺才確認了答案。

這時，我接到神經科的醫生來電。起初，她說我沒有得到多發性硬化症，而我們應該採取「觀望策略」來決定下一步。她說她很訝異醫院沒有打電話通知我，因為化驗報告在一週前就送到了。我說我幾天前才做了檢驗。她說會再打給我。三分鐘後，她回電話說：「哎呀，我看錯病歷表了。對，妳得了多發性硬化症。」

這不是我生命的轉捩點，只是有一瞬間感覺上很像轉捩點。那是最可怕也最糟糕的一刻。一通電話宣判了我的命運，當時我在上班，醫生的口吻平淡得像在講「這是妳的薯條」，我不曉得該拿這個消息怎麼辦。我沒有下一步，沒有計畫，只有恐懼。

我錯過了多發性硬化症的單車活動，在我為這項活動募款的時候診斷出多發性硬化症，更糟的是，我還不能騎單車。我掛斷電話，一路哭著回家，吞了一顆吃剩的煩寧，那是醫生為了治療我根本沒有的耳部感染所開的藥。

第二章

# 我們去吃冰淇淋吧

要向女兒說我生病了實在難以啓齒，又不得不說。早在幾週前我便從圖書館借了一些書，把我找到的多發性硬化症資料幾乎統統啃完。因爲我不確定自己是不是得了這種病，我對療法興趣缺缺，倒是比較想了解會有的症狀。要是我眞的罹患多發性硬化症，我的身體會有什麼變化？根據那些書，沒一件好事。我可能會失明，或是因爲視神經炎而變成複視，我的大小便機能可能會喪失或失常，認知能力變差，還有可能需要坐輪椅。這些書有幾十年的歷史，而多發性硬化症的常規療法才出現不到二十年。在我心裡，這些書籍把多發性硬化症講得好像死刑——或者比死了更慘。

我知道自己要做的第一件事是告知親友。我知道報告壞消息很可怕，卻一次都沒想過要隱瞞這件事。別人會怎麼想？他們知道多發性硬化症是什麼樣的病嗎？我的成年直系親屬曉得我的狀況，其他的親友跟同事卻完全不知情。

我最後一位告知的親人是我女兒。這是最讓我害怕的一場對話。蓓莉跟我很親。她是我的一切。我在她三歲的時候離婚，終結了七年的婚姻，不過我從女兒出生的那一天就知道自己會走人。獨自養育一個孩子那麼多年，讓我們母女締結了很深的情感連繫。蓓莉非常像我，常常有人說我們連臉上的表情都一個模子。我永遠都無法描述自己對這孩子的情感，所以要跟她說我生病了才會這麼艱難。那天我往她房間裡看，對她說：「我們去吃冰淇淋吧。」我帶她去了我們家這條路上的冰淇淋店。不曉得我哪根筋不對，天眞以爲一個愉快的地點就能夠多少抵消一些衝擊。我也需要一個她不能跑回房間躲著的環境，來報告這個消息。我要她有發洩情緒、提問、得到慰藉的空間。最重要的是，我只想要減輕她承受的打擊。

我們在座位坐下，吃著各自的冰淇淋，我先試著閒聊幾句，然後說：「記得我那次頭暈然後去看醫生的事嗎？」她當然記得。接著我說了「不要害怕」或「這個聽起來很可怕，其實沒那麼糟啦」之類的胡言亂語，我還來不及說別的話，她的淚水就湧上來，積聚在她漂亮的棕色眼睛裡。接著我說：「我得了多發性硬化症。」她哭出來說道：「我就知道！」她撇下冰淇淋不管，衝出店門。我跟著她跑，打開車鎖，母女倆都進了後座。我覺得自己奪走了她的童年，很想哭。不是爲自己或是爲多發性硬化症而哭，而是我根本不可能知道，她小小的心靈跟腦袋瓜子裡會怎麼樣。我知道她很堅強，足以伴我同行，但我想要保護女兒的本能也很強烈。我也突然了解到，爲什麼那麼多父母隱瞞自己的痛苦，不讓小孩知情。我很快便跟女兒說了兩件事，我認爲那是她需要聽見的話，也是我在那個當下堅信不移的事：「我不會死掉的。」「妳不會生一樣的病。」

我們在後座相擁而泣一段時間，等她比較平靜以後，我帶她回家，轉移陣地回到她的房間。我們跳上她的床相依偎，靜靜地談話。她告訴我幾個星期前，她在車上看到我從圖書館借來的多發性硬化症的書籍。我跟她說，那時候我還不知道自己是不是得了這種病，只曉得有這種可能性而已。要是我知道她在擔心，我會早一點跟她說的。看吧，小孩很機伶的。他們很會察言觀色，要是你曾爲了某事想把小孩蒙在鼓裡，你就曉得我的意思。要是我們不出面，不給個說法，讓孩子知情，他們會把事情想得比實際情況還糟糕很多。我跟她說，雖然現在的狀況似乎眞的很可怕，但是以後會改善的。我告訴她，多發性硬化症不會是我們生活的主軸，幾個月後，這場病就會變成我們的新常態。我們都恢復冷靜，持續對話，於是我的不確定感開始消融。在那一刻，我的驚懼與擔憂轉變成一種了然於心，我知道自己會為了健康奮戰，而我會贏。我會為我們打贏這場戰。

我們沉沉睡去，醒來時，感覺我們面對這場戰的恐懼比前一夜少了一點點。

第三章

# 愛與其他藥物

讓我們從愛談起吧。愛比我試過的所有傳統治療都更靈驗，至今依然如此。起初，愛就是……在我不知道自己哪裡出了毛病時，跟妹妹講過的電話。她在海的另一端，但感覺她彷彿握著我的手。愛就是在我根本不曉得如何求助的時候，我老公就找到了一千種幫助我的方法。愛就是我的父母圍在我身邊，說他們赴湯蹈火在所不惜。愛就是我女兒因爲撰寫幹細胞療法對多發性硬化症的效益，而在她就讀的天主教學校惹上麻煩。愛就是我的小姑組成一支自行車隊，隊名TLC（the team who loves Courtney，我們都愛蔻特妮車隊），爲多發性硬化症的研究募款。許許多多諸如此類的愛的行動，療癒了我。

## 為了小狗狗呼出的愛

在我多發性硬化症確診的三週後，我們湊巧在有線電視上看到一個當地的寵物領養頻道，每個悲慘的寵物故事都令我們心碎。蓓莉想要一隻小狗狗，但我們沒打算讓她飼養，所以我也說不上來我們幹嘛在那個頻道流連忘返。然後節目介紹起一隻叫勞伊的狗。勞伊是腦部受損的小黑犬。我想起自己不久前做的磁振造影掃描。我的腦部也受損。「我們是天生一對。」我心想。在我還沒意識到的時候，我的心（或是我受損的大腦）便掌控了局面。我說：「我們要領養勞伊。」我通常是家裡的理性派，至少，在作出重大決定之前，我願意先跟家人討論，但這次我心意已決。我先生張口結舌，我女兒則是一把抱住了我。

我樂瘋了。我以爲自己想要療癒勞伊，結果我眞正想要的是讓勞伊療癒我，療癒我們一家人。我們需要好消息，在連續幾週健康議題的恐怖轟炸之後，我們需要可以振奮精神的事情。勞伊似乎是提振我們心情的完美方案。但是跟勞伊的中途媽媽談過之後，我們發現牠需要的照顧遠遠超過了我們的能力所能及。勞伊需要一位隨時在家的飼主，這我可辦不到。我是罹患慢性病的忙碌職業婦女。我擠不出足夠的時間照顧勞伊。明白勞伊不會成爲我們家的一分子很痛苦，但既然我對一隻狗狗說了「我要養」，我們就不能關上這扇門。我們決定去找別的狗狗。

顯然，我想要刪繁就簡的願望還沒發威。我只想稍微緩解一下痛苦和沉重感。我，想要輕盈。

我們開車去一家當地的動物收容所，他們有一窩長得很像牧羊犬的混種狗。蓓莉和我走到一個戶外圍欄，黑色和黃褐色的小狗狗們立刻發出稚嫩的吠叫，圍了過來。一隻狗狗馬上跳起來，給蓓莉一個大擁抱。當她跪下來，牠的兩隻前腳眞的摟住蓓莉的脖子。蓓莉心裡明白，牠就是我們的狗。我們不在乎牠的舉止、品種或任何事。我們把生活中的這一抹小小的光亮取名爲健力士。

健力士是精神旺盛的小狗狗，牠總是跑來跑去，你做什麼牠都要把小小的狗鼻子湊過來，總是跟前跟後。馬克要我別擔心，他說：「過個兩三年，牠的個性就會變得穩重。」這八年來，馬克每一年都說牠會「變穩重」。但即使健力士處於幼犬精力大爆發的瘋狂狀態，在我需要牠特別乖巧的時候，牠都會知道。在我做完多發性硬化症治療後的休養期或是情緒低落的時候，牠都會靜靜依偎著我。我在確診一年後改變療法，每個月接受例行的注射之後都得打打盹、休息個一整天到兩天，健力士大半時候都會躺在床上跟我作伴。牠給我的療癒，不亞於任何療法和我在生活中所作的其他改變。科學家研究了狗的療癒能力，結果很令人振奮。

**撫摸狗狗可以讓大腦釋出催產素、血清素、泌乳素，改善心情，減輕身體疼痛。還可以降低皮質醇，這是與壓力有關的化學物質**。要是摸摸小狗就有這麼多的效益，天曉得健力士依偎著我一整天可以給我多大的療效。當時我並不知道這項科學研究，但每一回我跟狗兒子四目相接，或是摩挲牠的小肚肚，我都知道自己的全身細胞有哪裡不一樣了。

## 嘗試其他藥物

鑽研多發性硬化症儼然成了我在正職工作之外的全新正職。在選擇藥物治療之前，我把當時的四種藥物都仔細研究一輪。那個在電話上弄錯病歷跟診斷的糊塗醫生，建議我實際跑一趟，看看醫藥的銷售文宣然後挑一種藥。我得自己選藥？我壓根兒不曉得自己在幹嘛，照理來說，我要市面上藥效最強、療效最好的療程，對我來說就是劑量最高、也最頻繁施藥的療程。這很有道理吧？但感覺上要病患自己選藥就沒什麼道理，然而多就等於好嗎？我花了一個下午，拿柳丁練習插針頭。我已經盡力保持鎮定，但是當我聽著居家護理師的注射教學，教我怎樣把針頭插進自己的皮膚裡，我的身體似乎飄浮起來。我俯瞰著堆滿了柳丁和針筒的廚房桌子，心想：「這就是我現在的人生了嗎？」於是我哭了。

不久，我已經可以獨力一週施打三次干擾劑，不會掉淚。我使用自動注射器，不必親手把針頭扎進皮膚裡，而注射器會兇暴地把藥物打進我肚皮、手臂、腿部的脂肪中。難得我會有慶幸自己有多一點肥油的時候。根據藥罐上的標籤，施打干擾素最常見的副作用是「類似感冒的症狀」，但以我個人來說，則是「類似瘧疾的症狀」。我上班時會不停冒汗，面無血色，還不停發抖。我服藥來抑制反胃，那些副作用會把我搞得暈頭轉向。但我覺得沒人注意到我的異狀，就繼續這麼過日子。我只是撐下去。

我努力適應自己的新常態，將感覺像毒藥的玩意兒注射到體內，但我也在研究其他的替代方案。我參加了多發性硬化症的病友團體，跟那兒的醫療專業人員討論我在網路上看到一種非常昂貴的營養補充品，詢問他們那能不能解決我的問題。畢竟，什麼疑難雜症都能夠從網路上查到解藥。一位坐在後方的醫藥人員以一個問題回應我的問題：「那妳相信什麼？」**這，就是我的起點**。他的提問讓我記起了自己的聲音，而我比自己看過的醫生或讀過的文章都更了解我的身體。

我在聚會結束後向他自我介紹，原來這是一位極爲成功的醫藥人員，也是位好勝進取、非常健康的自行車手，而且他剛好也是多位發性硬化症的病友。第二天，我們帶著另一半共進午餐。我想知道他如何維持健康、他太太的調適狀況、他使用什麼藥物，以及他攝取什麼飲食。我們聊了幾個鐘頭，他除了分享自己的生活經驗，還帶來超厚的臨床試驗報告及研究結果，外加其他的研究計畫。大部分我都不懂，但我願意試著去理解。我的基礎數學、自然科學都不及格，其實我大學一年級的科目差不多都當光了，但我必須正視自己的病情。他提出的「那妳相信什麼?」的當頭棒「問」，比我想的更有力。**一旦我摸清楚自己相信什麼，明白我認為什麼最重要，我的心與靈魂便會聽從我的號令。**我只要抽出時間向已經成功反制這種病的前輩請益，便能取得我所需要的知識。

吃完那一場午餐聚會，我更有信心去爲自己的人生奮鬥：這是我的人生、我的生活形態、我的幸福與愛。現在，我的心也融入其中。與其讓別人告訴我應該如何對待自己的身體，我要當家作主。我開除了原本的神經科醫生，改找願意陪伴我作決定且讓我爲自己發聲的醫生。既然我確實有一些主控權，我就該爲自己負起責任。我沒有選擇罹患多發性硬化症，但要把什麼東西放進我身體裡、要服用什麼藥物、要攝取什麼食物、要抱持什麼信念，這些全都取決於我。我不是受害者，不是無辜的旁觀者。我很快便察覺到，儘管罹患多發性硬化症不是我的錯，但我要爲自己的病負起責任。

注射干擾劑的副作用比多發性硬化症更讓我吃不消，捱了將近一年後，我開始和家人及醫生討論換藥的可能。每個人的初步反應都是不可以，但我知道他們是在害怕。他們擔心新藥的副作用會要人命。我也在怕，但我擔心不一樣的事。我沒那麼畏懼副作用，我更擔心自己會錯失人生。干擾劑令我的身體疼痛，頭腦昏沉，這讓我連教女兒寫她的四年級作業都成問題。我疲倦到不能上健身房，要是你覺得自己像廢渣，久了以後，就會把自己跟身邊的人也當成廢渣。我覺得自己的狀態是在穩定地下滑，而這種帶有危險副作用的新藥，可能有反轉這一切的潛力。

在換藥的過渡期裡，我考慮過乾脆全面停止傳統的療程。爲什麼我就不能健健康康，同時對抗多發性硬化症？這是有可能辦到的，但也有風險。當我的神經科醫生終於判定我可以變更療法，我必須花一個月時間「排掉」體內的藥劑。那個月即將告終的時候，我想起了某天老公傍晚下班回家的情形。當時我正在親手下廚作晚飯。當他走進廚房，我綻出笑容。我很高興可以看到他。我還沒開口，他就說：「哇，看到妳變回老樣子，感覺眞好。」

我知道自己不能只憑著愛與藥物來對抗疾病，便開始研究其他的輔助療法。我主要是憑著直覺來決定要嘗試什麼其他的作法。瑜伽，好啊。頭薦骨按摩，當然。蜂螫療法，呃，這個就算了吧。**我開始信任自己，也記起了自己。**

## 讓我們回歸愛

我不想議論傳統醫學的利弊。這一類的選擇見仁見智，我絕不會說某某某應該或不該採用藥物治療。回歸愛，對我來說是正確的選擇。我出現病變的部位縮小，我的多發性硬化症有九年時間不曾惡化或復發，足以爲證，但我不相信這全是藥物的功勞。幾乎所有折磨你的疾病都是如此。如果你不愛自己，不愛自己的生活方式，不愛跟你一起消磨時間的人，藥物就算發揮了作用，效力也不會持久。而光是在嘴巴上說你很愛你自己，或者只是在腦子裡那樣想，是不夠的。愛反映在你的日常所做的決定中。當你選擇吃劣質食物來當午餐，你就沒有愛自己。選擇爲了工作而犧牲睡眠，選擇憤怒而不感恩，也都是不愛自己的舉措。凡事都做對選擇並不容易，我也希望我總是作出愛的選擇，可惜我並沒有。我選擇愛的頻率是比以前高，但離理想的程度還差得很遠。話雖如此，既然我承認這些全是我的選擇，全都與我對自己、對生活的感受息息相關，那我就比較容易做到向愛靠攏。

多發性硬化症是我最急迫的痛，是我的當頭棒喝，但要是我有好好關注自己，我會覺醒得更早。看看你的痛處，看看你承受的苦楚。也許你有慢性的症狀或疾病，總之是很容易指認出來的痛處，也或許是其他的事物，比如緊繃的感情關係、繳不出帳單的壓力、老是覺得疲乏，或單純覺得「好像哪裡不太對勁」。你可能跟我以前一樣覺得這些都很正常，但你值得更好的對待。**這些狀況全都可以當成你的催化劑，作出改變吧！**

我醒悟到自己需要挪出時間和空間，重新把健康擺在第一位，我要有更多的時間和空間來聆聽我的心，和我的靈魂連上線。我需要更多的餘裕好好休息，好好研究，也需要**找到更多餘裕的餘裕**。

第四章

# 打造我的過程，也打造你

我會跟你聊聊我如何打造自己，但首先，我要確認你的狀況。本書第一部曲的主題是我：關於我怎麼會走到人生一切分崩離析的地步，以及我爲什麼決定以全新的方式把自己拼湊回去。第一部曲之後的三部曲則會分享更多的故事與務實的步驟，協助你一步步簡化人生，還會給出有效的建議帶領你打造或重塑你的空間、時間，以及最重要的愛。我也會持續分享自己的經驗談，雖然這本書講的是我，但裡面蘊含的訊息和你息息相關。

展讀本書時，想想你人生曾有過的**當頭棒喝**、**決裂**和**崩潰**，想想那些你還來得及把自己拼湊回去的時期。試著尋找共同的脈絡。不要只針對壞事，也要找出好事的脈絡。我常常從別人的故事看見自己的故事，而我們的相似處比我們想像中更多。分享自己的境遇，談談自己如何走過那些境遇，就是這麼強大的威力。或許令你崩潰的，不是可怕的診斷書，或許你遇見的決裂跟婚姻並不相干……或是有關。當頭棒喝本身的重要性遠遠不如你在那之後做的事，而回應當頭棒喝的時機並沒有截止日期。如果你的當頭棒喝在幾年前就來了，那現在就是你採取行動的最佳時機，用當頭棒喝促成強勁的轉化。你得到了重寫個人故事的機會，改變你生活中的情況，或是全面翻轉你的人生。**如果罪惡感或悔恨阻礙了你做出改變，就放下阻礙你的一切。把內疚、挫敗、不舒服的感覺，化為你改變的動機。作出改變，增加生活中的健康、平靜、愛。作出改變，做對你最好的事。**

我在十多年前回應了當頭棒喝，開始在生活作出劇烈的改變，不過改變的步調非常悠緩。我改變了飲食、還清債務、清除家中的雜亂，清到家裡出現空蕩蕩的房間，衣櫃淨空，辭職，開創出我真心喜愛的工作，從大房子縮水住進了小公寓，家人的感情關係更加深厚，願意擁抱自己內向的個性，凡事以靈魂爲依歸，重新做回自己生活的主人。

當初我並沒有打算進行這些改變，但每做出一項改變都激發並促成下一項改變。乍聽之下，十年的變革之旅似乎很漫長，其實感覺上只有一眨眼功夫。一份恐怖的診斷書是促使我改變的邀請函。我其實也收到過其他的警告，但我一直很忙、有太多分心的事物讓我壓跟沒注意過這些警訊，更遑論做出回應。當我騰出一些時間和空間來聆聽內在的聲音，認眞地豎起耳朵，改變就簡單多了，甚至令人振奮。由於內在的聲音越來越容易辨識，我連結到自己的內心，越來越清楚自己究竟想要怎樣的生活。

## 這可能是你的當頭棒喝

我的當頭棒喝，是神經科門診在電話上告知我得了多發性硬化症。用不著別人說，我就知道自己病了。我知道苗頭不對，卻覺得照老樣子繼續過活比較省事。

**有多少次你思忖「這樣行不通」或「哪裡出了差錯」或「一定要改變」？這些想法和言論就是你的內在聲音。這是你的當頭棒喝。**不用別人告訴你，因爲你自己心裡有數。你的內在聲音一直在努力跟你對話，但也許你很難擠得出時間和空間，在一片混亂中辨識出你的內在聲音，爲了以防萬一，看看你會不會在這裡發現你的當頭棒喝。

## 這是你的當頭棒喝……

- ✓ 如果你以自動駕駛模式來過日子。
- ✓ 如果你一向都不會優先照顧自己。
- ✓ 如果你忙著討好別人，儘管世俗定義中的成功引不起你的共鳴，你卻在追求那樣的成功，連自己都不認得自己了。
- ✓ 如果你總是把食物、購物、酒精、電視或其他可以分心的事物，當成療癒自己的解藥來使用。
- ✓ 如果你疲累不堪，灰頭土臉，壓力沉重，精疲力竭。

接受你的當頭棒喝可能不太好受，卻不是什麼難事。**真正難的，是選擇回應你的當頭棒喝，沒有置之不理，因為你知道一旦做出回應，現狀就會改變，**而改變是很嚇人的。話雖如此，忽視你的當頭棒喝則更糟，尤其當你知道不改不行的時候。

我們常常急著行動。我們想要地圖，想要循序漸進的分解步驟，但繪製地圖也是打造自己的過程之一。在你開始繪製地圖之前，先把自己需要地圖的原因徹底摸清楚，可以讓你如虎添翼。爲什麼要簡化生活？爲什麼要做出改變？什麼是推動你踏上精簡之旅的初衷？答案因人而異，也可能因時而異，但列出明確的原因可以在這一路上給你動力，尤其是在處境艱難的時候。想化繁爲簡，想作出最大的改變，都關乎我們的內心。如果你的心不買單，你就甭想作出永久的改變。

要眞的了解自己爲什麼想要改變？是什麼在撥動你的心弦？比方說，戒醣來減肥五公斤，穿上高中時代的牛仔褲去參加同學會，這樣的動機或許能吸引你的小我，卻可能不會讓你心動。但如果你考慮戒醣是爲了改善睡眠品質、預防癌症、延年益壽……這些就都與「心」有關了。改變令人害怕，但回顧這十年的經歷，我很慶幸自己沒有因爲恐懼而卻步。**我釋放越多壓力，就創造出越多的時間和空間**。好不容易，我有了容納更多愛的餘裕：愛自己、愛家人、擁有一份我心愛的工作……和超乎想像的滿滿的愛。**我簡化生活的每一項改變，都示範了「少一點身外之物等於更多的愛」**。

我不知道你的理由是什麼，但我很清楚一旦你辨識出原因，說出口，寫下來，就絕不會再回頭。**一旦簡化生活成為你心之所嚮的事，你會連結到志同道合的人，**

**找到你需要的力量，鏟除雜亂與忙碌，弭平擋在你跟最重要的事物之間的一切障礙。**

關於活出靈魂的精簡之道這回事，要知道這不是權宜之道，也沒辦法一舉而竟全功。這比較像你得勤快操練的運動，你要一直從頭來過，反覆溫習。這種生活模式永遠都在那裡等你，然而要不要操練這種生活模式，與之連結、再連結，卻要由你自己決定。

讓這趟旅程成爲塑造你自己的旅程。想一想自己是什麼樣的樣子，思考你想要怎樣的生活，然後去實現它。

第五章

# 瑜伽墊上的領悟

記得第一次，有人建議我去上瑜伽課的時候，我覺得受到了侮辱。我以爲大家是想替我跟我的多發性硬化症找一個和緩又簡單的運動。我可是使出渾身解數，要做一個健健康康的多發性硬化症病友，大家卻放棄了我。我想要打網球、上健身房、登山，大家卻要我去瑜伽教室拉拉筋就好了。

只要你上過瑜伽課，就曉得當時的我根本對瑜伽一無所悉。幾個月後，我首次嘗試瑜伽課，從此沒有間斷。瑜伽徹底改變了我，而且這個運動可是既不簡單也不和緩。我上課不到一週，也就是去上了兩堂課之後，就開始上清晨五點的一對一瑜伽課，一週會上個幾堂。我要建立一套在哪裡都能做的健身運動。這些年來，我一次又一次地從這個決定受益。當瑜伽教室歇業，當我最喜愛的老師另謀高就，或是我出門在外，有好一陣子不能去瑜伽教室，我只要鋪好瑜伽墊，就能開始練習。即使練了這麼多年，不做雙手倒立或一些難度較高的體位，但我仍會活動身體，將雙手貼在心上，聆聽心的教誨、答案和眞相。**瑜伽是打造我這個人的重要功臣，而且持續讓我對自己及這個世界都有新的認識**。以下只是我在瑜伽墊上領悟的一小部分道理。這些道理披露了我的工作狀況、我的感情關係，以及我如何度過每一天。

## 1 我的想法限制了我的行動。

當老師示範困難的姿勢，我的第一反應是「這輩子都做不到啦」。就這樣，我的大腦掌控局面，跟身體說我的大腿後側肌群很緊繃，或是我的手臂太短，或是那個姿勢會傷害我的膝蓋、肩膀……或隨便你講一個身體部位。**我們跟自己說我們辦不到，天天放棄機會**。我們輕易向恐懼低頭。思慮周全固然很好，但也要學會信任自己，去嘗試新的事物。要是我都不嘗試那些我認爲辦不到的事，我永遠不會設立部落格、寫下這本書，也不會跑去瓦沙契山脈，走凱迪雅克嶺（Cardiac Ridge）鋸齒狀的稜線。

## 2 我今天做不到全部的事情。

有時候，我的瑜伽練習很快便進入狀況。頭腦自自然然地安靜下來，身體不費吹灰之力就從一個體位切換到下一個體位。也有的時候，我被自己的思緒淹沒，連要放鬆下顎都很難。以前，要是我去瑜伽課的時候思緒忙亂、精神低落、膝蓋不適，上課就會上到很挫敗，因爲我沒辦法做出每一個姿勢。後來我才領悟到，**只要按照今天能做到的程度去做就好**。日常生活其實很像瑜伽課，都充滿了選項和機會。我們用不著做到每一件事。我們做不了全部的事。**當我們不試圖搞定一切，我們的狀態會更好**。

## 3 我們都需要得到吐氣的機會。

大嘆一口氣通常代表精疲力竭或是不滿，但在瑜伽課堂上，老師會不時請我們從鼻子深深吸氣，然後大嘆一口氣，把氣都吐乾淨。把氣吐光光的感覺棒呆了。在課堂上，我們可能會從節奏很快的連續動作釋放能量，協助心搏慢下來，但想想在日常生活中大大吐氣的益處吧。《學習呼吸》（暫譯，*Learning to Breathe*）作者普麗西拉・華納（Priscilla Warner）說SIGH（嘆息）是Sitting In God's Hands（坐在上帝的手中）的縮寫。好啦……這就你嘆息的免死金牌，**嘆息吧，坐在上帝的手中**。下一回你卡在車陣裡、遲到、受挫、興奮、壓力沉重、焦慮，從鼻子深深吸氣，再大嘆一口氣，把氣從嘴巴吐出來。

## 4 享受鬆與緊之間的境界。

練習平衡的體位時，如果身體繃得不夠緊的話，我就會落得東倒西歪、搖搖晃晃。同理，要是我咬著下顎，眉頭深鎖，眼睛瞪著一個定點，我便找不到靜定，姿勢便會崩垮。要是我多使一點點勁，或是收回一些些力道，我會在鬆與緊之間找到人稱穩如泰山的那個魔法境界。**埋頭苦幹不見得就一定好。穩如泰山可改善感情關係、孕育創造力、提升健康。**

## 5 行動消弭恐懼。

做某幾個瑜伽體位的時候，我很怕自己會跌個狗吃屎，然後撞斷鼻梁。其實不太可能摔成那樣，但我就是怕。當我在創造某些事物，或者是在生活中盡心盡力，我一樣害怕會跌個狗吃屎、會心碎難過。

我在瑜伽課和人生中都跌過跤，但我的鼻梁到今天還算直挺，心也依舊強壯。**害怕並不礙事，而行動總是能消弭恐懼。**

## 6 專注在自己的瑜伽墊上。

我的瑜伽姿勢未必要跟你一模一樣，才稱得上是漂亮的姿勢。每個人的姿勢都是一己的表達，代表了我們的能力、情感、我們早餐吃了些什麼及許多其他的事情。**在瑜伽或人生中跟別人作比較，撈不到好處。**

## 7 外在行動與內在反應是直接相連的。

瑜伽課的最後一個體位是大休息，又稱攤屍式。在大休息的時候，你要放下一切。你不再控制吐納，身體也不再維持可能有點難擺的姿勢。你總算可以放下一切了。而也是在大休息的時候，我發現放下一切是最困難的體位，而且不止是在瑜伽墊上。我們任勞任怨，取悅每個人，努力跟上別人，到處奔走，一副無所不知的模樣，笑著做到這一切。即使我們在做自己喜愛的事，有時也會過度逞強，或是抓得太緊。彷彿以爲憑著鋼鐵意志，整個宇宙就能任你操控，像魔法一般籌劃出一個你想要的結果。

現在，很快地檢查一下，你在咬緊下顎嗎？腳趾是彎著的嗎？在憋氣嗎？這些細微的肉體現象都代表你企圖從更大的心智及情感層次去控制世界，或至少是控制你的世界。有時候，你以爲自己很放鬆。你以爲自己已經徹底放下，可是當你看到菠菜的價格，或是看到在收銀檯前面排隊的人龍時，你卻發現自己推著購物車的手握得緊緊的。有一回我去上瑜伽課，在最後一式時我似乎全然放鬆，心無罣礙，而我的瑜伽老師說：**「拜託各位同學，解開拴住猴子的鎖鏈吧。」**我乖乖照辦了。我放下了用力、控制、專注。我把自己交給了瑜伽墊……然後露出微笑。

要做到放手，並不需要詳盡的作法清單或指導手冊。只要鬆開你的牙關，軟化你的視線，呼吸……綻出笑容。當你注意到自己又是拉扯，又是催促，又是施壓，又是抗拒，抓得死緊，就解開拴住猴子的鎖鏈吧。

第六章

# 做你不甘願做的事，才能成為你想成為的人

我寫文章推廣健康的生活形態、簡化生活、做有意義的工作，頌揚這些事情的重要性，但我想各位務必要知道，我也不是時時刻刻都想照著自己這一套規矩來生活。比方說，我的早餐通常是含有大量蔬菜的思慕昔。我喝蔬菜思慕昔很久了。葉菜類是我的燃料。葉菜類讓我通體舒暢，而且我也很享受這樣的早餐。話雖如此，有時候我也會想吃鬆餅、培根，喝血腥瑪麗。雖然不碰那些食物，但還是會想吃。

在早餐下肚之前，運動是我最不甘願做的事情之一。即使我很清楚只要開始活動，筋骨就會暢快起來，但從五點半起床後到踏進健身房之前，我對於即將要做的汗流浹背運動，並不盡然都是粉紅泡泡般的美妙感受。我也心不甘情不願地清理雜物，或是經年累月地賣命償還債務，但我真心想要達到零雜物、零債務。歷經將近十年的巨大改變後，我一清二楚地看

見，**你得去做自己不甘願做的事，才能做到自己想做的事，擁有你真正想要的人生。**

除非你對腎上腺素上癮，喜歡跳下懸崖、跑超級馬拉松，不然大部分的人還是愛走阻力最小的路。我們想一網打盡全部的益處，少出點力。我相信我們應該用心規劃時間，把時間用在可以爲生活帶來眞正喜樂的活動，因此我認爲我們必須去做我們不情願做的事，才能做到我們想做的事，這似乎有點自相矛盾。幸好，除了繳稅和例行的洗牙之外，只要開始做那些我不情願做的事，我便會從中找到樂趣。我做了不情願做的事，讓自己維持健康。我做那些事，讓自己精神飽滿、充有創意。我做自己不喜歡的事，是因爲我好奇，因爲我喜歡向自己恐懼的事物敞開心胸（但不包括蜘蛛在內）。而且老實說，也正是因爲**所有我不甘願做的事，通常都會帶來某種令我樂在其中的柳暗花明，或意義深遠的教誨或益處**。早上，在果汁機啓動之前的幾分鐘裡，就在椰子水被菠菜泥和羽衣甘藍染綠之前，有時我會想跳回床上，叫一客披薩，觀賞茱兒．巴莉摩 (Drew Barrymore) 主演的文藝片，但我曉得放縱的後果，便是選擇走向另一條路。我仍然很愛嗑披薩，追一整天劇或電影（我最愛的是《愛情全壘打》[*Fever Pitch*]），只是我不常那樣做了。

如果要我挑出三件對我的健康最有益的事，那絕對是以下這幾件了：

## 1 攝取蔬菜，還有真正的食物。

當我被診斷出多發性硬化症，我決心改變飲食。我研究過的資料，全都指出要剔除動物性的蛋白質。我試驗過生食和純素飲食，在確診之後茹素多年。最近，我在飲食中增添一些魚肉和海鮮，而原本會吃的麵包和麵食則幾乎都割捨掉了，改成努力攝取更多真正的食物。身體對食物的反應因人而異，差異很大，因此務必親自試驗，**看看什麼食物最適合你，而且心胸要開放，最適合你的食物可能會隨著時間而改變**。我非常推薦各位用三十天全食計畫（Whole30），找出最適合你體質的食物。這項飲食計畫的創立者是瑪莉薩．哈維格與達拉斯．哈維格（Melissa and Dallas Hartwig），[1] 他們說這是「短期的營養重設，目的是協助你終結不健康的嘴饞和習慣，重建健康的代謝，療癒消化道，平衡免疫系統。」有三十天時間，你要避開糖、穀物、酒精、乳製品、豆類。我做過三十天全食挑戰好幾次，每一次都

1 The Whole 30 的全食計畫，已出版成書，中文版書名為《30天全食療法—史上最強終極健康飲食計劃》。

更了解哪些食物，才能眞的讓我的身體健壯起來。

## 2 散步。

散步不只對我的身體有益，也對我的腦筋、精神、靈魂有益。當我在走路和留意周遭環境時，我會暫且撇下目標。有時候，很難在白天打斷工作去散步，但每一回我出去走走，回來時的思緒都更清晰，精神也更好。

## 3 睡眠。

我力求每天晚上睡足七到八小時。如果我難以入眠，或是半夜醒來後再也睡不著，我會用 Headspace（腦袋空間）應用軟體的冥想功能讓自己重新進入夢鄉。著有《愈睡愈成功》(*The Sleep Revolution*) 一書的睡眠革命鬥士雅莉安娜・赫芬頓 (Arianna Huffington) 說：「我們的文化認爲要追求成功，就得付出工作過量與精疲力竭的代價，而這正是造成睡眠危機的根源。」她說雖然固定的就寢程序跟某些事物可以改善睡眠的品質，根本的解決之道仍然是**改變心態**。「每天晚上爬到床上睡覺的時候，如果要把外在世界拋在背後，就得先體認到：**我們要比自身的掙扎、自身的勝與敗更寬廣。工作與頭銜並不代表我們，我們遠遠比自己的履歷更遼闊。睡眠協助我們客觀地看待這個世界，讓我們有機會重新聚焦在自己的本質上。**」

做自己不甘願做的事也適用在工作上。我熱愛自己的工作，打從心裡喜愛。但即使我對工作有滿溢的愛，但在那之中仍然有我不想做的事。我不想管理帳目，不想碰行政事務，不想處理某些雜事。即使是寫作，也有我試圖逃避的事。我不想爲這本書撰寫提案，但我想完成這本書，所以我寫了提案企劃。

我大部分時候都做有益身體的事，但也有鬆懈、走回頭路的時刻。吃垃圾食物，少做一次健身運動，或是偶爾熬個夜，讓我付出代價，有長期的代價，也有短期的。幸好，我愈是持續一貫的健康習慣，就愈容易在鬆懈之後回到正軌。我最渴盼的就是身心安康，可以好好投入生命中的美好事物中。以前，我不像現在這麼注重這些事情，那時我眞的以爲自己忙到別無選擇。當你以反射動作來回應生活，在那種狀態下，要作出健康的選擇看似極不可能。你幾乎徹底說服了自己，你的忙與亂都不是出自你的選擇，不是你自己造成的。以前我都利用業務拜訪之間的空檔，在車上吃飯跟作業。在快餐店吃點東西，遠遠比在家裡做養身沙拉來得省事。在簡化生活之前，我覺得根本不可能早起做運動，或是開創新事業。當你忙到不能作選擇時，你到底在幹麻？其實你早已作了選擇，因爲不作選擇就是一種選擇。還有別的出路。你可以重頭來過。愛迪生說得好：「當你窮盡了一切的可能性之後，記住，還有別的可能性存在。」耐人尋味的是，**好的選擇會促成更多好的選擇**。當我去做運動，就更有攝取健康飲食的動力，反之亦然。

我不是天生就愛吃羽衣甘藍或熱愛運動，也壓根兒不曉得如何經營公司或創立部落格。我能夠以蔬果爲主食，維持活躍的生活，工作蒸蒸日上，並不是因爲我有動機、決心、技能或運氣好，而是因爲我做了不甘願做的事。我做了讓我心裡不舒服的事，做了自以爲辦不到的事，還做了我不知道該怎麼做的事。但願我看過的某些書籍、健康教練或商業顧問有多談談這件事。**我們必須做自己不甘願做的事，才能成為我們想成為的人，擁有我們想感受到的感覺。一旦我們挺過那一點點（或真的很強烈）的抗拒，通常會發現自己正在做我們衷心想做的事**。直到我願意做讓自己不舒服的事，才終止了我的一籌莫展。如果你想要擺脫積弱不振，或是覺得自己卡住了，試試沒有採行過的作法，或是做做你眞心不想做的事吧。你不必立志，也不必有動機，做就是了。

現在就開始。列出十件你不想做但對你有益的事。你大概可以列出一百件，但先從十件起步吧。從你打死都不想做的事項清單裡面挑出一件，立刻付諸行動。不要等，不要列進你的待辦清單。先求細水長流。持之以恆會比風風火火的大動作更重要。舉個例子，比方說你想要攝取多一點蔬菜，即使你打從心裡不想吃。與其試著每天都吃一大份羽衣甘藍沙拉，不如下定決心每餐都要吃一叉匙的青菜。一週後，再增加到兩叉匙，以此類推。

有時，你就是得做自己不想碰的事，才能做你想做的事。

## 第七章

# 多一事不如減一事

我的第一張信用卡是在大學時申辦的，那時我連教室都還沒去過呢。不到一年，我便持有同一家公司的兩張信用卡，用一張來支付另一張。大概不用我解釋，大家也曉得這不是明智的理財之道。各位敬請放心，我不是主修會計或數學，所以卡債飛快地纏上我，而且錢還花在不必要的開支上。其實我只是想要自由一點，而我以為自由等於金錢，即使沒有閒錢也要花錢買個自由。

當我在二十出頭想找份「像樣的工作」，金錢是我排在第一的考量。因為我得維持生計。我沒想過自己真心想做的是什麼，也沒思考過自己希望如何運用時間。生活變成只求收支平衡。我總是在取捨要支付哪幾張帳單、要買什麼、要犧牲什麼。我在二字頭的年紀時，生活就是挖東牆補西牆、支付最低應繳金額、叫催討債務的人滾蛋。這樣生活的壓力之大，但我努力以自由放任的態度來應對。我心想，既然自己的信用評等已經一塌糊塗，一輩子都負債，再多欠一點又何妨？我欺騙身邊的人，甚至不時欺騙自己的心。我日子還過得去，可以打平開銷。勉強可以啦。

在安靜下來的時刻，罪惡感與不安會殺我個措手不及。我不想過這種日子。但我沒有沉浸在那些時刻裡，給那些時刻改變我的機會，我反而填滿那些時間。我用甜食、購物、一杯酒兩杯酒四杯酒，或是度假來填滿那些時間。我不斷填滿那些空間，繼續打平開銷。

自從我成年以來，總是在欠人錢。我跟馬克漸漸減少我們的家當，消弭壓力，決定再也不要負債。我花了一個下午，打電話取消全部的信用卡。萬事達卡、Gap、維多利亞的祕密、傑西潘尼百貨、梅西百貨……我打給一家又一家的店鋪，取消聯名卡、剪卡。我剪掉了自己一年又一年奮力清償的支出。跟這些開銷一刀兩斷後，我開始檢視生活中的其他支出。這些支出不只關乎金錢。收支平衡影響全部的生命層面——滿足大家、付帳單、日常雜務、會晤、義務、承諾、把事做完、追趕進度——好多事情。爲什麼我老是辛辛苦苦地擺平這些事，還努力來個漂亮別致的收尾？我想要使出渾身解數來搞定一切，最後總是淪落到某個崩潰的邊緣。

我終於想通了：**與其卯足全勁地試圖照顧好一大堆事情，不如致力精簡要忙的事情。**

第八章

# 貼心練習：將雙手貼放在心房上

我的靈魂精簡之道隨著我改變飲食而在內在成形，隨著我清理雜物、減少雜務而也成形於外。我在外在世界創造出來的時間和空間給了我明辨力，讓我可以提升正在努力中的內在修持。本書下一部曲會解釋我如何創造那些空間和時間，但我做的重大練習之一就是**開始聆聽我的心**，真真切切地就是去「傾聽」我的心聲。首先，我會靜靜地寫點東西或冥想，也就是做一些能讓周遭環境及內心靜定的活動，接著將一隻手貼放在心臟上方，再疊上另一隻手，彷彿把自己的心捧在手心上似地。這個動作是在告訴我的心：「我把你捧在手心上了。我相信你，且在這裡聆聽你。」我會坐在那裡，眼睛輕輕向下看或是閉目，然後等待。有時候，我等不到回音，只是捧著心，靜靜坐著。但練習的次數多了以後，我的心有了安全感，就比較會對我說話。這項練習幫助我培養信心，去信任我長期忽略的內在聲音。至今，這仍是對我很重要的習慣，讓我能夠凡事以靈魂爲中心，活出靈魂的精簡之道。

我發現自己的心與靈魂能助我一臂之力，而騰出空間來與它們連結，容許它們指引我，讓我更強壯也更輕盈，讓我……**成為我自己**。

## 怪力亂神

我在引子提過，發掘靈魂的精簡之道並不是「沉迷於怪力亂神」的時刻，大致而言，我不是很相信鬼神這種東西。我不反對鬼神，也對毫無邏輯可言、缺乏科學背書的東西保持開放的態度。至於我的「鬼神指數」，只能說我喜歡瑜伽和冥想，也相信有肉眼不可見之物的層次。我知道奇蹟可能發生，但我不碰塔羅牌，不信風水。我不排斥這些東西，或許有些人眞的從中獲益良多，只是那不是「我的菜」。眞的向鬼神靠攏的讀者，盡管跳過這一段，去做聆聽心聲的練習。當你將雙手疊放在心房上方，保持開放的胸襟會讓你滿載而歸。至於跟我比較像的讀者，甚至是對鬼神之事抱持懷疑態度，或是全面否決這種東西的人，你或許會想：「不可思議，她竟然要我點蠟燭，用雙手捧著自己的心。」我了解你的抗拒心態，但請理解對我來說，這不算是神祕學的儀式。**我相信記起自己是誰是我們的權力與責任，而且我們有責任以自己的本色來面對這個世界。**要憶起真相、慈愛、連結，要知道事情的因應之道、事情的本質和來龍去脈——一切都從將雙手放在心上開始。

## 將雙手貼放在心房上

我要邀請各位加入我的行列，建立自己的貼心練習。在本書每一部曲的結尾，我都會請你靜靜坐著，開始汲取自己的靈魂精簡之道。請你每天一邊閱讀這本拙作，一邊投注一點點心力，開始灌溉自己的貼心練習。如果你準備就緒，我們現在就開始，或是等你準備妥當，再回到這一章也行。

挑選一個你每天都可以獨自靜靜坐著幾分鐘的時段。你不必刻意做什麼前置作業，但點一顆蠟燭、備妥紙筆放在身邊以便隨時記錄你浮現的想法，或許能協助你進入狀況。坐在地上、椅子上、床上、任何你覺得舒服的地方，深呼吸幾次來讓自己安靜下來，要知道，打造聆聽心聲的空間是很重要的。

在靜默中或在輕柔的樂音中做練習。做幾次鼻吸口吐的呼吸來滌淨思緒，閉上眼睛，或是視線往下，繼續觀照自己的呼吸。

接下來，將一隻手貼放在心房上，再將另一隻手疊放到那隻手上。感受自己的心跳。感受心與手的暖意。現在，持續以一部分的注意力去觀照你的吐納，一邊感受暖意，開始與心對話。

## 打造你的建議提問

**我現在的生活過得怎麼樣**？想想你如何度過上個星期、上個月、去年。別把你慣用的禮貌回答搬出來。沒人在問你：「你好嗎？」你是在問你自己。

**我的身體有什麼感覺**？你的背堅挺有力嗎？會背痛嗎？臀部或膝蓋呢？會痛嗎？還是感覺很舒適？不是要進行自我批判，只要觀照自己的狀態。

**我的心情如何**？挖深一點。你內心的感覺如何？

**生活中有哪些我喜愛的事物**？什麼事物是你一想到就眉開眼笑的？當你閉上眼

睛，看到的是誰的臉？

**我嫉妒誰？我會撒什麼謊？**作者葛瑞琴・魯賓（Gretchen Rubin）[1]認爲，這些問題的答案會披露你生活中需要改變的事。她說嫉妒表示別人擁有你希望自己有的事物，而當你欺騙人什麼事，則代表你的生活中某處出了差錯。

**我想改變什麼？**你想在生活中增加或剔除什麼事物？什麼新的習慣引起了你的注意？

**有什麼改變是非做不可的？**如果要挽回一段感情、變健康、重拾你的生活，什麼是你非改不可的事？要承認自己有哪些不改不行的事，可能會比吐露想做哪些改變更難。

把這些問題拿來當作打開話匣子的引子。如果你冒出其他的問題，就繼續問自己，回答時不要設限。心胸要開放，要充滿好奇，要對自己慈悲，試著逐步建

1《過得還不錯的一年》、《烏托邦的日常》等暢銷書作者。

立自己的貼心練習，與自己的心培養新的關係。答案未必會立刻浮現，持續練習。聆聽，信任你的心。你的心知道很多事情喔。

## 打造你的行動步驟

請以任何順序完成下列事項，一次嘗試一個項目。這不是待辦清單，也不是比賽。把每一項行動都當作一個邀請，請你多多認識自己，並且開始打造你自己。

**釐清自己相信哪些事**。要不是有人問我「妳相信什麼？」，我都忘了搞清楚自己的信念有多重要。花一點時間探索自己相信什麼，不是別人教導你相信的事，也不是你應該相信些什麼，而是當你獨自一人，將雙手貼放在心房上的時候，你，相信些什麼？

**認出你的當頭棒喝**。不帶悔恨地回顧你生命中曾出現的決裂與崩潰，也要指出那些更不明顯的當頭棒喝。當時你是怎麼回應的？你處理當頭棒喝的模式是什麼？你會採取行動嗎？還是完全置之不理？你會設法改變，但後來又故態復萌嗎？觀照這些當頭棒喝跟你的反應方式。不要去批判，只要觀照。

**寫下你想改變的原因**。是什麼在牽動你的心？靈魂的精簡之道不是一蹴可幾的蛻變。這些改變可能得磨上幾年功夫，一定要有心才辦得到。你爲什麼想改變？爲什麼想要簡化一切？把你的原因一一寫下來，擺在最醒目的地方，以便時時刻刻地提醒你，強化你的心。

**去上瑜伽課**。去你附近的瑜伽教室上課吧。不管你是初學者或進階的瑜伽修習者，去上課吧。留意那些可以在日常生活中實踐的心得。在瑜伽墊上的活動只是瑜伽的一小部分而已。

**SIGH（嘆息）**——坐在上帝的手心上。隨時隨地都可以嘆息。當你起床、遇到塞車、挫敗的時候，甚至是在你特別感恩的時候，都可以嘆息。從鼻子深深吸一口氣，再用嘴巴將氣吐淨。大嘆一口氣，要深沉、要響亮、要刻意。反覆做。

**找到一點點的穩固**。退後一步，或是走深一點，找出那個在鬆與緊之間的神奇境界。在那裡，事物比較能夠自由流動。

**留意自己是否在跟別人作比較**。人比人氣死人，比較常是行不通的。我們常常拿剛起步的自己，去跟走到終點的人作比較，或是拿我們的內在，去跟別人的外在作比較。這種比較並不公允。假如你依據比較的結果來評量自己這個人、自己的人生或工作，再想一想，如果不把別人當成量尺，那你是誰？你有多少料？問問你的心，跟別人作比較給了你什麼好處？要是什麼好處都沒撈到，就別再東比西比了。

**解開猴子的鎖鏈**。鬆開你蜷曲的腳趾，鬆開牙關，鬆開緊握的手。不再試圖控制一切。要是你覺得自己無法放手，嘆一口氣，之後再試試看。

**攝取蔬菜**。每一餐都加進一些青菜。蒸個菠菜、做個沙拉、打一杯蔬菜思慕昔。一開始，拿蔬菜當早餐可能會覺得怪怪的，但等你注意到蔬菜給你多少的精力，讓你根扎大地，你便會開始期待早餐的美味蔬菜了。

**把睡眠放在第一位**。重新規劃你的臥房佈置與睡眠時程表，要睡滿七到九小時。睡眠的空間要涼爽、黑暗，沒有電視、數位裝置、或工作干擾你入睡。

**散步**。每天都要動一動，最好是在戶外進行。

**做你不甘願做的事，才能去做你想做的事**。這些通常是你以前就考慮做的事，若因循苟且到現在，就是乾脆放棄。回頭。去做那些事。

**考慮減少開銷，重新建構打平開銷的作法**。即使你之前認爲本來就應該那樣過日子，現在你知道有更好的作法：減少開銷。

**聆聽你的心**。每天花三分鐘、五分鐘、十分鐘或是看你抽得出多少時間，把手放在心上。這可能是你總算把自己放在第一順位後的第一步。將雙手疊放在心上不是神祕學的儀式。憶起自己是誰，這是你的權力與責任。如果你肯聽，心就會幫忙。

第二部曲

# 打造空間：清除債務與雜物

想釐清什麼是重要的事物，就清掉所有不重要的。

在開始打造自己之前，我想騰出更多的空間來療癒身體，並且修練我的心。我自認不是囤積狂，也並非購物狂，但我有五十六坪的住家、一間車庫、一間在後院的儲物室，統統塞好塞滿。有的物品在箱中放了很多年，一次都沒用。我連自己有些什麼東西都摸不清。我們的衣櫃都有滿溢出來的東西，當然，我們家的每個房間都配上了應有的全套家具。廚房櫃子的每一吋空間都收著鍋碗瓢盆、廚房家電及各式廚房用品。我的流理臺上有時髦的容器，一個放各種木匙，一個放鍋鏟或抹刀，另一個放打蛋器（全部）。浴室的抽屜和置物櫃裡有爆滿的繽紛色彩和瓶瓶罐罐。衣櫃的兩壁之間淨是衣服、圍巾、皮包、鞋子，裝不下的就放到別的房間，甚至蔓延到車庫。全部的空間都是滿滿滿。怪的是在我覺得東西太多之前，我始終不認爲自己東西太多，而我會察覺東西太多，純粹是因爲我總算注意到了。當我眞的睜開眼睛端看自己生活中的雜物，東西眞是鋪天蓋地，沉重到極點，而我只想要清清爽爽。

在這一部曲中，**我們要討論創造空間，不僅是生活空間，還有讓你的心健康茁壯的空間，以及供你創造人生的空間。**起初，我沒有把雜物視爲壓力，但雜物當然是壓力。**雜物無時無刻不讓我想到自己的債務與不知足。**試想當你忙了一整天，下班回到家裡，看到廚房流理臺上堆滿了各種雜物，皮包擱在地上，袋口開開的，接縫也迸開，一堆待摺的衣物，還有沒歸位的各種瑣碎玩意兒，這時你會有什麼感覺。外在的雜物與亂象，會令你的內在感到壅塞而雜亂。你在這樣的環境裡沒辦法平心靜氣，你對自己想要怎麼過日子也不會有想法。等著你做、等著你清理或安排的所有事情，會吞噬你的思緒。或者，你可能會和我在一開始的時候一樣，沒有察覺到東西及雜物如何影響你，因為其他事情已經壓得你喘不過氣。**雜亂會吸引雜亂，平靜會吸引平靜**。一旦你內心清楚自己是嚮往更多的雜亂還是平靜，就可以開始慎重地為自己創造那樣的生活。

雖說我通常一次進行一項改變，但同時清除債務與雜物是合理的作法。既然我們拿去償還債務的金額提高，便沒餘裕再添購新的物品。這讓我們在創造空間上頗有進展。以前我也清過雜物，結果又買新的東西來填滿騰出來的空間。但這次不一樣了。我們需要自己正在開創的額外空間。我們需要更多的清爽。因為我們在償付數以萬計的債務，這表示我們得作好心理準備，去討論某些艱難的議題。處理財務大事，不但會給人沉重壓力，也是教人難以啓齒的事情，尤其是在你揹負著龐大債務的時候。雜亂變少以後，精神會比較沉穩，我們就能在沒那麼萎靡的狀態下討論財務。我會跟各位分享我們如何以夫妻的身分討論財務，以及當我們開始坦白說出自己想要的生活，結果怎麼樣。

清理雜物的方法不必我教，但我會介紹那些對我很靈驗的心法。我的作法不一定是最好或最正確，但或許能幫助你邁出第一步。比起按照分解步驟去清理空間裡的雜物，更重要的是我們要挖掘出大局的全貌：我們怎麼會變成現在這個樣子，以及我們可以從中記取什麼教訓，才不會又陷入相同的困境。別再想著新春大掃除、改善整理技巧、添購新的收納裝置來裝下你的東西。我有更好的點子——**因為要是整理東西行得通的話，你家早就井然有序啦。**

第九章

# 關於擁有的迷思

靈魂的精簡之道並不全然是和諧與愛，靜靜坐著，或將雙手擱在心房上這類事情。這只是其中幾個最美妙的部分，但我們也要深究事理邏輯，你得想清楚爲什麼要做這些事，才能開創恆久的改變。如果你厭倦了老是重蹈覆轍，你一定會很高興我們要在這裡終結這個模式。**等你騰出時間去了解自己為何擁有目前擁有的一切，明白當初怎麼會走到今天的狀態，放手的過程就會輕鬆多了**。當我終於慢下來，去觀照實際的狀態，而不是拔腿狂奔，衝向我在想像中畫出來的那條終點線，真正的改變便在我的心裡生根了。我們買東買西並留下那些物品的原因很多，但通常是因爲我們**想改造自己的樣貌，想感覺自己目前沒有的感覺**，或是因爲我們認爲別人覺得我們缺乏某種特質，而我們要向別人證明自己才不是那樣。我並不反對擁有財物，但回顧過去，**我發現自己所擁有的一切，也宰制了**

我。看看下列的迷思，瞧瞧你能不能找到自己持有財物的原因。

## 迷思一：立志向上爬的持有

「要是我有＿＿＿＿，我就會／我看起來就會／我就會覺得＿＿＿＿。」

例如：

「要是我有房子，我就會是一個有擔當的大人。」

「要是我有豪華轎車，我就會安全而舒適，看起來很富裕。」

「要是我有最新型的3C產品，就會很潮又很酷，生產力也會提高。」

「要是我有頂級的面霜，看起來就會年輕許多。」

「要是我有合適的收納箱和衣架，就會把衣物收得整整齊齊。」

「要是我有適當的行李箱，膽子就會變大，敢出門見識世界。」

「要是我有大一點的桌子，就會常常請人來家裡玩，交遊更廣闊。」

「要是我穿對運動服，就會按時上健身房，練出六塊肌。」

「要是我穿對鞋子，別人就會覺得我很有品味、性感又自信。」

「要是我買對東西，我就會跟大家打成一片，幸福美滿，人見人愛。」

可惜，我們一遍又一遍證明了這些想法沒有一句是眞的。健行裝備一直堆在車庫裡，根本沒用過，跑步機變成掛雜物的地方。**關於擁有物品只有一條真理：就是當你持有某件物品，那件物品也持有你**。你每天都以各種形式去照顧它，爲它付出代價。

所有權始於一次購買或投注一筆資金。你要先付出一筆錢，看是要刷一張小小的塑膠卡片，或是拿你辛辛苦苦掙來的錢付現。你會振奮個一陣子（通常，緊接著便是低落的情緒），之後就要爲所有權持續付出代價。你要花時間維護這件物品。你把心力用在自己的所有物之上，想著那些東西，爲那些東西牽腸掛肚，或是懊惱自己在那些東西上花了多少錢。你灑更多的鈔票來保養物品，幫物品升級。如果你用信用卡付帳，那件東西的所有權甚至可能還不在你的名下。你可能是穿著別人的鞋子在趴趴走，因爲貨款還沒結清，你也還在繳因而衍生的利息。我以前就是那樣。我穿著別人的鞋四處跑的時間，前後有十幾年。

一旦我們拿掉內心的期盼與情緒，再檢視自己的所有物，就能看見那些東西的眞貌。物品就只是物品。**立志向上爬的持有是在添購裝備，期盼自己搖身變成你想要當的那種人，或是得到你希望擁有的那一種生活形態。**當你清掉那些東西，你開始了解自己是怎樣的人，明白自己眞心想要怎樣的生活。然後，可以思考自己實際上想要什麼、需要什麼。等你領悟到自己需要的東西、想要的東西，都比你想像中的少，這時便可以開始依據正確的理由去購物了。

## 迷思二：逃避痛苦的持有

我們買東西是想給自己買到愉快的心情。即使你認爲自己不是購物狂，許多購物的習慣是不由自主的，而且兜了一圈後的根源往往是爲了逃避痛苦。痛苦可能來自於：

**無聊**。「反正今天閒著也是閒著，去逛街好了！」你講過這種話嗎？本來你只是去店家晃一晃、打發時間，然後看到某件東西，赫然發現原來自己缺了那個東西。而且還特價！事實上你不必去購物中心消磨時間。登山步道、人行道、室內跑道都是走路的好去處。你可以爬山。你可以創作藝術作品、呼朋引伴、創業。等你清掉雜物，可以開始判斷自己實際上想把時間拿去做什麼事情以後，保證你打死都不想去購物中心殺時間。**逛街治不好你的無聊，但好奇可以。**

**分散注意力／拖拖拉拉**。你擱置已經想了八百年的新計畫，延宕一場棘手的對話，跑去離你最近的百貨公司或開始線上購物。你不清理雜物，卻去大賣場採購更多的收納用品，打算拿來囤積你的東西。你將自己的希望與夢想束之高閣，因爲你沒有實踐的時間、金錢或力氣。逛街之類的事情分散了你的注意力，搶走了一部分的時間、金錢及精神。不僅如此，逃避自己眞心想做的事情也會耗用你的精力。開始觀照自己是不是在拖拖拉拉，利用其他事物來分散自己的注意力，當作閃避痛苦的策略。

你曾經因爲跟人分手或收到壞消息，就跑去瞎拼嗎？購物或許很撫慰人心，可以暫時提振心情，暫時不去注意自己的痛苦。但我們得記住，分散注意力的效果是一時的，而在購物後浮現的懊悔情緒，會令你原本的痛苦變本加厲。那你還能怎樣撫平破碎的心？不是只能靠購物、酒精、冰淇淋來療癒受傷的心。想過找親愛的朋友消磨時間、閱讀你喜愛的書籍、大睡一覺，或是去大自然裡走一走？

**罪惡感**。你因爲工作焦頭爛額，對於生活中那些你最應該關心的人，你也沒空理他們，到了一週終了，你可能會想在週末補償他們，帶他們去吃昂貴的大餐或血拼。當然，這會讓他們開懷一段時間，但他們眞心想要的是你。他們不該只得到物質上的慰藉，你也是。與心愛的人共享時光，不見得要花錢。

我們購物的原因多到數不清，但是當你把愛的標的從物品轉移到人及嗜好之上，你會覺得在購物中心打發時間是種折磨。

## 迷思三：以防萬一的持有

清理東西的時候，注意「以防萬一」這四個字，因爲這四個字會不斷竄出來。

每個人的「以防萬一」品項都不同，但十之八九都跟下列的例子差不多：

- 太大或太小的不合身服飾，「以防萬一」你長胖或變瘦。
- 從遙控器或其他玩意兒背面脫落的塑膠零件，「以防萬一」你找到應該把它裝回哪裡。
- 在近期內都插不進任何門或鎖頭的鑰匙，「以防萬一」它突然插得進某個鑰匙孔裡。
- 前任男女朋友留下的運動衫，「以防萬一」你們復合。
- 即使住在熱帶也留著的滑雪杖，「以防萬一」你搬回雪地又開始滑雪了。

這些理由或許很蠢，但你自己的某些藉口也不遑多讓。我們聽不出自己的「以防萬一」當中的愚蠢與無理，是因爲我們沒有完成整個句子。不要只說：「我要留著這個來以防萬一。」說出完整的話：「我要留著這個，以防萬一○○○。」以防萬一什麼？實際說出你認爲可能遇到什麼情況。想要更多動力，就當著別人的面大聲說出口。Theminimalists.com 網站的創辦人約書華．密爾本 (Joshua Millburn) 與萊恩．尼克迪穆 (Ryan Nicodemus) 提出了「二十／二十理論」，證明你清掉的「以防萬一」型的物品幾乎都可以在不到二十分鐘內，就以不到二十美元的代價找到替代品。其實你通常不會需要去買替代品，只是當你知道替代品隨時都買得到，你對清除東西的焦慮應該會下降。有了二十／二十理論，多少可以消弭這些惱人的「以防萬一」物品所帶給你的罣礙。當你明白自己是爲了錯誤的原因在保存東西，放手也會比較容易。

保存東西來以防萬一的藉口，是摻雜**恐懼**與**習慣拖拉**的綜合亂源。我們保存東西，是因爲我們還不太想放手，但這些以防萬一的東西已經難得用上一次，或者我們根本也不愛用了。去看看衣櫃的最內層、收雜物的抽屜，或是看看你收在車庫或閣樓上的箱子，你會清楚看到，那些以防萬一的物品永遠派不上用場。當我們說「我要留著這個，以防萬一哪一天要用」，我們其實是在說……

我還沒準備好。

我害怕放手。

我害怕會不夠用。

**對於想透過清除雜物、尋找更多平靜的人來說，我們的問題不在於「不夠」，東西太多才是問題。**我們可不是只把「以防萬一」的邏輯用在雜物和家中的物品上。在生活中，有多少事情是因爲恐懼而死命抓著的？承認吧，「以防萬一」的意思就是永遠不會發生，這讓我們停止拖拖拉拉，激勵我們放手，不再活在恐懼中。當我們告別了「以防萬一」，可以開始好好過日子，以更有意義的方式付出。

你有什麼迷思？每一個迷思都曾經讓我不可自拔。以前，我不覺得自己的東西帶來了壓力、傷害了我，直到後來我開始清東西，才發現生活裡少了那些東西以後，壓力也跟著變小。當你洞察自己購物的初衷，以及你認爲這些物品可以爲你帶來什麼作用，你便會更清楚應該讓什麼東西進入你家及你的生活，也會更了解自己需要割捨什麼。接著，在你清理雜物的時候，你放下的不會只是實質的物品。你也會放下與那件物品相關的壓力與迷思。少了那些羈絆，你將感到自在輕盈。既然已經認識了那些迷思，你可以正視自己現在的所有物，承擔當中的眞相，以及作出日後要擁有哪些物品的決定。

# 第十章
# 用購物來療傷止痛

當我開始清理雜物，認眞償還我在那些年累積的債務，我納悶起要是以前不購物的話，那我會做些什麼。對我來說，購物有點像運動，尤其是在辛苦了一天或一週之後的逛街，更是帶給我無比的快樂與安慰。那時我以爲自己熱愛血拼，而且我知道吾道不孤。不只一次，聽眾在我的演講結束後過來跟我說：「我很愛逛街耶。如果不去逛街，那還能幹嘛？」我的答案是……**也許你不曉得自己的愛好**。這就是我發現的眞相。我也以爲自己熱愛大採購。直到我不再三天兩頭地逛街，我才了解自己與購物的關係。我不愛逛街，也不愛逛街的戰利品。其實，我愛的是逛街的感覺，如釋重負的感覺。消遣。**我用逛街購物來平息痛苦**。作者兼研究「脆弱」的專家布芮尼·布朗（Brené Brown）稱之爲**麻痺自己**。可惜，被我麻痺的不是只有痛苦。布朗說：「我們沒辦法挑選要麻痺某幾個情緒；當我們麻痺了痛苦的情緒，同時也會麻痺正向的情緒。」當我在二〇一二年的一場活動中第一次聽到她這麼說，我心想：「原來如此，所以我的喜悅也消失了。」喜悅也被我麻痺掉了。我不知道自己喜歡什麼，因爲我麻痺了自己的感覺。我居然把那稱爲愛。**我不愛購物，我愛的是把痛苦麻痺掉**。

那我有什麼痛苦？我有幸福的童年。我樣樣都不缺。有工作，有棲身之處，還有心愛的人。當我環顧四周，生活似乎很美滿。我的痛苦並不劇烈，根源也不是創傷經驗，而是我一次次的退讓妥協，一次次的在應該拒絕的時候答應了人家，一次次地過度付出、超支，跟女兒說「等我一下下喔」卻讓她等了一個鐘頭，把電話視爲第一要務，做一堆我自以爲該做的事，一再以我的成就、以我擁有的東西或言論來向別人證明自己的價值，痛苦就這麼積少成多。我以爲這種痛苦是實現夢想的代價。《欲望地圖》（暫譯，*The Desire Map*）作者丹妮爾．拉波特 (Danielle LaPorte) 說：「如果你必須背棄自己，撇下自己的價值觀和靈魂去滿足你的需求，你就沒辦法眞正滿足自己的需求。」**我經常背棄自己。那就是我的痛苦**。我背棄自己太多次，幾乎忘記自己是誰。

購物麻痺了那種痛苦，而且戰利品就像是一種成就。只要你曾經意外發現自己最愛的名牌外套或洋裝在打對折，你就曉得我的意思。但隔了幾天，尤其是在收到信用卡帳單的時候，戰利品就會讓我的心情糟糕透頂。幸好，我也有撫平這種痛苦的速效辦法。一杯酒、一品脫的冰淇淋，或是再去購物。永遠都有迅速平息痛苦的辦法。繼續給自己上麻藥。**我隱約知道自己陷入的處境，但維持原狀似乎比解決問題來得簡單。**

另一個時常有人問的問題是：「妳現在都怎麼解決痛苦？要是妳覺得無聊、挫敗、生氣，大血拼又不能消除那種痛苦，妳會怎麼做？」在我停止購物一陣子之後，我便不再填塞自己的情緒，而是聽聽它們要說什麼。我不再靠著購物來擺平痛苦或憂慮，而是去感受那份情緒。我開始了解這些感受是身體在說：「**聽著，狀況不對。**」

現在，當我覺得痛苦，我會好好照顧自己。我的心在跟我說：該是作出改變的時候了。**當我覺得自己不是處在最佳狀態，我知道自己的身體在說：「請照顧我。」而不是在說：「我們去買東西吧。」**

# 與其逛街，我會去……

現在，當我覺得無聊或壓力大時，與其逛街，我會去：

- 散步
- 做瑜伽
- 打電話給朋友
- 做一杯蔬果思慕昔
- 去按摩
- 多睡一個鐘頭
- 寫作
- 冥想
- 寫一封感謝函

這些簡單的事給了我更多的動力、精力與愛，購物根本比不上。我用照顧自己來取代購物。

## 三條購物箴言

如果你會爲了買回家的新戰利品而懊惱，其實你不孤單。那種滋味我也嚐過，次數多到我不想承認。情緒與血拼是連體嬰，我高興也買，不高興也買，換季會買，遇到大日子時會買，但我也會一頭熱地想要培養新的習慣，於是掏出腰包。如果我在新的健身房買了會員，打算多做運動，那我會買新的運動服。沒幾個月後，我對健身房的興趣消退，便將運動服塞進衣櫃裡。接著，購物後的情緒便會浮現。我會內疚自己撒了太多鈔票，氣惱某件我幾個月前就買了的東西在特價，要是新買的東西不合用，或是沒有大幅改善我的生活，我會很挫折。

當我開始改變作風，簡化生活，我摸索出了幾個妙招，以便協助自己好好檢視我購物的原因，更清楚地界定自己眞正想要什麼、需要什麼。把以下的三句箴言謹記在心，這三句話讓我在購物時保持清晰的意圖，更明確地意識到自己決定把什麼東西帶進家門，讓它成爲生活的一部分。

## 1 這東西不用在今天買。

我情願暫時停止購物，也不要一時心血來潮的採買。我不會去結帳，而是真的暫停購物。試試看。遇到不必要的採購就暫停。不要掏錢買，假裝你已經買了，用白紙黑字記錄下來。持續三十天到六十天，用流水帳記錄你想買的每一件東西，附上價格，但不要真的買。在暫停購物的期間結束時，算一算你原本會花多少錢來買那些東西，然後問自己下面兩個問題：

- **在清單上的東西裡，我對哪一件物品的購買欲望跟當初一樣強烈？**
- **要是有人依據這一份偽購物清單的總金額，給了我一筆現金，我會拿去買回清單上的全部東西，還是會用在別處？**

這個實驗可以揭露寶貴的資訊，作爲你日後購物的參考。在三十到六十天後，不妨考慮全面停止購物。《不消費的一年：購物狂的重生之旅，擁有越少，得到更多》一書作者凱特·弗蘭德斯（Cait Flanders）足足兩年不添購新的東西，而她開放自己購買的品項也寥寥無幾，連外帶咖啡都在禁止之列。當凱特回顧停止購物的第一年，她是這麼說的：

> 社會文化教導我們在人生中去追求最新、最棒的這個或那個，然而這一整趟旅程卻逼得我必須割捨一切。我放棄那些東西，以基本的必需品取而代之，過了一年不能添購新品的日子，我醒悟到自己已經擁有所需的全部物品。我不再把實質的物品當作寶。我在乎的是人、地方、經驗。這樣的新思維不僅省下我的錢，也讓我更有關照別人的餘裕，能夠從最簡單的事物中找到感恩。而最美好的結果，大概是以後我絕對不會為了展現自己有多成功、為了我但願自己擁有的特質而再採購東西了。

## 2 你可以退貨。

你買的東西幾乎都可以退回商家。如果你最近的戰利品令你的財務吃緊、心情沉重，就退貨吧。要是超過了退貨期限，就送人或賣掉。別留著讓你不舒服的東西。建議各位不要把「反正可以退」當成買個不停的藉口，而是萬一你眞的買了不想要或不需要的東西，退貨是給自己一個脫身的機會。有時候，我們很難判斷一件東西及購物在我們內心的眞正分量，尤其是如果你只是爲了滿足別人的期許而採購，或是陷入爲了撫平情緒而購物的模式裡，或是因爲罪惡感而留存物品。一旦你開始簡化生活，你會漸漸看出自己的購物模式及消費習慣，實際上如何影響你的生活。

## 3 我付出的代價夠高了。

當我察覺自己付出的代價已經夠高，一切便改觀了。現在，我不會抱著罪惡感不放，不會爲了以前不知節制的購物而懊悔不已。我已經付出代價了。我以金錢、時間、心力、情緒付出了代價。持續付出代價對我沒有好處，也沒那個必要。由於我接受了事實，認同自己付出的代價已經夠高，因此我可以斬斷自己與情緒、購物、戀棧之間的牽連。就憑著這麼一個簡單的眞相，我終於放手了。你付出的代價，不也已經夠高了嗎？

第十一章

# 這是愛嗎？

從前，我立志每去一個城市，都要買一付新的太陽眼鏡。有幾年時間，幾乎每出一趟遠門，選購新的太陽眼鏡都是我的重點節目之一。我並不以這個毫無意義的目標自豪，講出來只是想要交代一聲，我那個時候還在努力維持自己營造的假面具，距離記起自己是誰並且活出靈魂的精簡之道還有十萬八千里遠呢。我說到積存東西，我不是只對太陽眼鏡沒有抵抗力。我還收集皮包、化妝品、圍巾、外套，永遠不嫌多。我買得越多，就想要更多。我會哄自己相信再添購一件東西，原先的收藏就會以某種方式變得更完整或更高檔。當然，那種事從沒發生過。

如果你想過簡約一點的生活，清掉雜物只算成功了一半。你能不能大獲全勝得看你帶什麼東西回家。對我們愛買一族來說，多半會覺得這一道關卡的難度更高。我是在停止購物一陣子以後，才眞正認清血拼對我人生的殺傷力有多大。有很長一段時間，我以爲自己應該擁有好東西、新東西、任何我想要的東西。**真相是我値得擁有美好，而且不是只限於物質層面而已。**

以前我有塞爆衣櫃的服飾，如今只留下幾件心愛的衣裳，然而現在看著那些寶貝，我卻體驗到過去不曾有過的深深感恩。相同的情況也出現在衣櫃以外的所有地方。**當我「什麼都有」，我還想要更多。現在我的身外之物變少，感恩之情卻滿溢出來**，因爲現在那些東西在爲我營造更愉快、更健康的生活，而不是在消耗我的生命。

**營造幸福人生所需的身外之物，比我原先想的還要少很多。**我總是汲汲營營地追求更多財物，結果招來了挫折、入不敷出、不知足。你或許認爲自己這輩子一定要擁有某件事物才會成功或幸福，但我要建議你不斷挑戰這一類信念。認眞地思考你希望自己怎麼度過每一天、每一小時、每一分鐘、每一瞬間。以前我會在週末去塔吉特百貨（Target）的超市買菜，順道在他們的服飾區添購幾件單品，我很難相信那會影響自己運用時間的方式，但是當我把那些時間加總起來，再把其餘的「小」採買都列入計算，那的確排擠了我的時間分配。確實如此。牽一髮，動全身。在愛與身外之物之間，現在我會選擇愛。我愛的人、我愛的工作、我愛的生活。當我開始釋出身外之物，騰出空間，我壓根兒不曉得這一趟旅程會與愛密不可分。本書的第四部曲都是在探討愛，**假如我從一開始就曉得這是走向愛的旅程，放手就會簡單得多了。**

## 專注在自己的東西上

如果你已經準備放手，另一半或其他家人卻不願意加入，可能會讓你很挫敗。在你可以採取的行動中，威力最強大的就是專注在自己的東西上。對於你跟其他人共同持有的東西，以溫和的態度和對方討論，但不要去管你老公的衣櫃，或你室友堆滿雜物的空間。當你忍不住想「把別人拉進你的陣營」，想想上回別人勸你改變自己，你卻不想照辦的經驗。當時的你興致勃勃嗎？還是覺得很煩？你是幹勁十足？還是壓力沉重？讓與你共同生活的人尋找他們自己的路，就像你也在找自己的路。如果你要別人認識精簡之道的喜悅，就開開心心活出簡單生活的美好。

## 我如何放手

以前我一年清理兩次雜物，一次是迎接新年，另一次是春季大掃除。我的目的是「建立秩序」跟「歸零再出發」，但實際上只是擠出位子來塞新買的戰利品。我會發現這個眞相，只是因爲我「建立秩序」跟「歸零再出發」的流程每年都得重複至少兩遍才夠。當我終於決定要一勞永逸地清除掉雜亂，我的作法沒有太大的變化，但我的起心動念改變了。這一回我清掉雜物，是爲了容納遠遠比身外之物更重要的事物。這一回，我每清掉一件物品，便同時清掉了一些壓力，有更多空間可以釐清自己究竟在乎些什麼、想在空間裡塡入什麼，以及我想如何運用時間。至於要擺脫多少雜物，我並沒有設定目標，但我打算持續出清，直到家裡只剩下**不可或缺的物品及我喜愛的東西**。這表示我得放下「以防萬一」、「這是我花了大錢買的耶」、「但這是疼愛我的人送我的東西」，甚至是有感情價値的紀念品，那些從我懂事會收藏東西以來就一直收著的東西。我「一勞永逸地把雜物清光光」的第一個步驟，只是拿著一個箱子在家裡走一遭。把我平時難得看上一眼、沒在用、不喜歡的東西，一律裝進箱子。諸如花瓶、空的相框、不合身的服飾、多餘的量杯和玻璃器皿。然後我等了一段時間。我等著看有沒有漏網之魚，觀察空間給人的感覺是否變了。眞的變了。其實我看不出家裡少了哪些東西，但我絕對注意到家裡開始出現的事物，也就是空間與光明。家裡變得明亮多了。這讓我士氣大振，如法炮製清理了一遍又一遍。放手越來越容易。然而，在清到了我以爲自己看重的東西時，放手的難度又提高。諸如書籍、首飾、日記及其他感覺上很珍貴的東西。因此我給自己更多時間。**我讓自己的新空間和新觀點向我的心下功夫。**

## 重新歸零

開始清理雜物以後，你可能會注意到雜物試圖悄悄地溜回來，或是等你回過神時，雜物已經在那裡了。無論如何，建立一套遏阻雜物出現的作法，對你會有好處。作者柯林·萊特 (Colin Wright) 建議每星期都要歸零一次。他對自己的歸零方式，是這麼說的：

> 我喜歡一星期至少歸零一次。
>
> 我會洗碗，所有的碗盤和餐具都要擦乾，然後收進碗櫃。髒衣服要洗好。所有散放在地上的東西都要撿起來歸位，拖地，或是用吸塵器清理地板。所有的臺

面都不能有散亂的雜物，去倒垃圾，我整個家都回到它的歸零狀態。我的電子郵件收件匣要歸零——每一則訊息或刪除，或在處理完畢後封存。我的待辦清單沒有任何急事。**我的生活——與環境——變得像一塊柔軟可塑的黏土。沒有冗物、雜亂或當下的責任，這樣或許有點單調缺乏特色，但同時也很刺激，因為有無限潛力。只要稍微下一點功夫，便能夠改造成任何樣子。東西更少以後，我可以坐著檢視生活，所有的變數與毛邊都暫時變平滑，讓我可以一清二楚不受限制地看出最佳的作法。**我發現當我允許自己歸零，便也同時允許了自己清理掉內在的雜亂——重新校準，找出下一步要往哪裡走，要專注在哪一個計畫上，或決定要讀哪一本書，安安心心地知道所有未竟之事都完成了，即使只有一下下。

仔細想想，歸零有點像空前絕後版的極簡主義。極簡主義者去蕪存菁，鎖定自己最珍視的事物，因此生活會聚焦在要緊的事情上。歸零可以給你不同等級的相同效果一段時間。毋需全面清除對你無益的物品也能讓你歸零，同時讓你嚐嚐假如你哪天決定這麼做，時時刻刻過著極簡生活會是什麼滋味。更棒的是，如果你哪天一頭栽進極簡主義，歸零便會更有價值，施行起來也會容易許多。當你只擁有最不可或缺的財物，居住的空間既符合你的生活理念，也能滿足你的需求，那歸零一次只需要花十到十五分鐘，讓你迅速又輕鬆地把心智的平板電腦清乾淨，從零開始。歸零跟極簡主義一樣，並不是要你過匱乏的生活；把家裡收拾得整齊清潔、洗碗，並不會讓你缺少任何東西。**歸零的目的是看看當你抵銷掉日常生活裡全部的細碎壓力之後，你的頭腦會有多麼清楚。目的是重新找回自己的重心，有時間讓你的心智深深潛入自己的核心本質，深入自己想要的目標，深入自己目前正在移動的方向。**目的是讓你更快樂、更滿足，由於歸零可以給你迅速改變方向的機會，萬一招致不良後果的話，傷害也有限，因此你可以達成更快樂、更滿足的目標。

任何旅程的第一步都可能是最難跨越的一步；幸好，歸零的第一步只是要你去洗碗。

## 這是愛嗎？

當我考慮購買實際上不需要的新東西，或是在抉擇一件事物的去留（物品、承諾、工作上的企劃案……），我會問自己一個相當簡單卻是大哉問的問題：**這是**

**愛嗎**？這件事物能不能按照著我的心意去滋養我生活中的愛？如果答案是否定的，我就放手。如果答案是肯定的，我就等個幾天或幾週再重新問自己一遍。這時，之前的肯定多半會變成否定，我就會明白不論當初爲什麼會想要那件事物，我想要的原因都不是出於愛。請試試看。大聲說出問題會有幫助。

「這對我真的很重要嗎？」

「這是愛嗎？」

「這能有助於我想要的生活和健康嗎？能讓我在待人處事上頭給對方我想給他們的待遇嗎？」

「我保留這件事物的理由是適當的嗎？」

我們會在這一部曲的結尾溫習這些問題。這些問題可以用在檢視你的家當、你的感受、你的工作、你的新仇舊恨，什麼都行。將你的雙手貼在心上，然後提問。**你的心無所不知，它會協助你為最重要的事物騰出空間**。

# 第十二章

# 放手的魔力

我們都有醜不拉嘰的咖啡杯，牆壁上掛著每天經過卻視若無睹的裱框相片，或是從來沒用過的珍藏圍巾。儘管零雜物的生活很教人心動，有些物品就是特別丟不下手。每個人留在身邊的東西或許不同，但與東西難分難捨的糾結倒是都差不多。從容易下手的東西開始清會比較簡單，例如：重複的物品、你知道自己不會懷念的東西，這是在培養清除雜物的實力。

我建議你拿著一口大箱子，在你家裡繞一圈，將那些不是眞心喜愛或眞正在乎的東西統統放進箱子。要不了多久，箱子便會裝滿，然後用膠帶封住箱口，捐出去。在你如法炮製第二回合之前，花一些時間享受你創造出來的空間。通常，只要幾天功夫，你便會把自己裝進箱子的東西忘得一乾二淨。這也說明了，那些東西一點都不重要。

等你建立了清理雜物的實力，要清理那些難纏的東西便會更容易，但是可能仍然會有幾件東西緊緊揪住你的心。我們的心弦很堅韌，不過憑著以下的建議，你可以甩開自己的寶貝，講得更白一點，所謂的寶貝，就是那些你以為自己很在乎的東西。沒有什麼招式是保證人人有效，因此你在清理雜物時要保持好奇心，看看自己適合哪一招。我甚至發現自己不能只靠一招來打天下。我在不同的時期有不同的策略。

## 三招和物品說再見

### 1 藏起來

想知道一件物品對你的生活有沒有用處，如果有的話又是哪一種用處，一個相當靈驗的作法是把它藏起來。在我跟馬克清理雜物的初期階段，我們房間的梳妝檯上有三支花瓶，每支花瓶上的花朵都代表了我們婚禮上的鮮花。聽起來很有意義吧？那些花瓶賞心悅目，但我察覺到除非我在撣灰塵，或是不小心弄倒花瓶，不然我根本不會注意到它們。我想知道沒有花瓶的日子會是什麼感覺。當時我們已經清掉大量的雜物，那些花瓶是我們房間裡最後的裝飾品，也是梳妝檯上碩果僅存的物品。我包起花瓶，收進箱子，擺到車庫去。我想知道自己會不會懷念花瓶，也看看要隔多久時間我才會想把花瓶放回原位。

我沒有向丈夫提起這個小實驗。我一直在等他問我花瓶去哪了，但他完全沒問，幾天後，連我都忘了自己心愛的花瓶。兩個月後，我去車庫打開箱子，把花瓶擺回梳妝檯上，彷彿從來沒有動過似地。某天晚上，在我們進入夢鄉之前，我指著花瓶對馬克說，我想把花瓶捐贈出去，馬克說：「不要啦，我眞的很喜歡這些花瓶耶。」我忍不住大笑了起來。我告訴他，花瓶曾經擺在車庫幾個月他都沒察覺異狀，他也笑了，並且認同捨棄花瓶的時機已經成熟了。從此以後，每一回我出差而馬克在家，便會有某件物品失蹤。要是我說不出家裡少了什麼，那件東西就會被請出家門。我喜歡我們創立的這個小小慣例。

**要跟東西分手時，試著先跟那件東西分離一段時間大大有益**。正是因爲這樣，我建議「333 精簡穿搭計畫」（Project 333，我會在第十五章介紹）的挑戰者，不要立刻捐贈多餘的衣物，先收到看不見的地方，擺上三個月再說。如此一來，可以消弭懷念某件衣物的恐懼，不用擔心你保留的衣物不夠穿，也能釐清我們究竟是眞心眷戀一項衣物，還是內心的恐懼令我們緊抓不放。

## 2 向你的物品提問

採用近藤麻理惠在《怦然心動的人生整理魔法》的建議，向東西發問。她說將每一件東西拿在手上，問自己：「這個東西讓我怦然心動嗎？」此外，我建議各位列出你怦然心動的時刻，**當你對著物品詢問它是否令你怦然心動，跟你的怦然心動清單比對一下。這件東西可以列入清單嗎？還是根本差遠了？如果答案是不行，就放手吧**。另外，就像近藤麻理惠說的，**要感謝這件物品過去為你作出的貢獻**。

## 3 留下心動的東西

出清所有的物品並沒有魔力可言。如果你那個醜不拉嘰的咖啡杯每天早上都令你咧嘴而笑，那就留著。如果你的另一半想要留下他們的醜不拉嘰咖啡杯，由著他們去吧。以上介紹檢視你的物品的方法，如果你判定那是要留在你生命中的東西，就爲它騰出位子，好好珍惜。

我們不能以自己有或沒有什麼物品，來跟別人較勁，或是作爲評量自己的標準。那種思維一點道理都沒有。曾經有位瑜伽老師告訴我，他練了很多年的瑜伽，才第一次摸得到腳趾，在那之前他都覺得自己的身體還不夠柔軟。當他終於觸碰到腳趾，他察覺自己的柔軟度沒有什麼變化。摸到腳趾本來應該是重大的里程碑，結果他發現自己的柔軟度只增加了一些些，除此之外的一切都一樣。

## 如何擺脫放手產生的愧疚

每個人積存東西、雜物、負面情緒等等，總有自己的理由。通常，我們所有的藉口、恐懼或抗拒心理，都可以追本溯源到幾個常見的心結。其中一個心結是**愧疚感**。問題在於愧疚不能推動我們改變行爲，反倒常常會讓我們固守囤積的行爲模式。

記得當我檢視衣櫃，看到自己拿帳戶裡沒有的錢買了一堆衣服卻一次都沒穿，我會內疚。當我拒絕別人，甚至只是考慮說不，我會內疚。當我盤算著要捨棄禮物或別人給的東西，我會內疚。逾期未繳的信用卡帳單和催討電話會讓我內疚，當我為了提振心情而購物，或是因為沒有合用的東西而採買，或是因為缺了合適的車、鞋、廚房用具等等族繁不及備載的物品而感到匱乏跑去血拼，都會讓我感到內疚。

我甚至為了捨棄那些我一直以為自己由衷想要的東西而內疚。內疚並不致於吞噬我，但當我決定慢下來、放手，愧疚感便更常浮現。我總算有了時間和空間，可以去感受我全部的心情了。如果你也為了愧疚感而傷神，試試這樣做。

## 1 承擔愧疚的責任。

如果你每回打開衣櫃，看到價格標籤都還沒拆掉的昂貴衣裳掛在那裡，或是會害你長水泡的鞋，都會內疚的話，就承認那一份愧疚是自己的責任。用白紙黑字記下來。那一閃而過的愧疚感可能每天都會向你報到，頻繁到你覺得內疚是正常的。但你可能忘了，當你對衣櫃裡的服飾或家裡其他區域的物品感到內疚，要知道是你自己選擇扛起內疚的重擔的。那是你的選擇（這對我來說是很沉痛的領悟）。

## 2 駁回愧疚。

我曾經以爲自己應該內疚。畢竟，我犯了那麼多錯，難道不應該有一點點慚愧嗎？事實上，愧疚除了沉甸甸地壓著我，百無一用。愧疚對我沒有絲毫的助益。當我體認到愧疚已經變成沈重的錨，不能砥礪我積極向上，要放下愧疚就容易了一些。記住：**我們付出的代價已經夠高了**。

## 3 讓愧疚流轉出去。

布魯克．麥卡拉莉（Brooke McAlary）在澳洲主持《慢活之家播客》（*The Slow Home Podcast*）節目。有一回我們合作主持一場線上座談會，她回答一個關於禮品的問題，我時常轉述她當時的高明建言。有人問：「如果我想要過簡單清爽的生活，卻收到別人送了我不要的禮物，那該怎麼辦？」布魯克說：「只要讓禮物再從你家流轉出去就好。」也就是說，帶著愛收下這份禮物，再把禮物處理掉。布魯克和我重點不在於如何處置禮物，而是該如何「面對那一份愧疚」，也就是要學會讓**愧疚感跟著禮物一起流轉出去**。

送禮的最大回禮是在於**交換情誼**。在於「我想到了你」或「我愛你」，而不是禮盒裡的東西。真的有哪一件「東西」可以證明送禮的人很愛你嗎？才沒那回事呢。愛不是僅此一次的禮品。愛降臨的時候並不會有精美的包裝，你也永遠用不著證明愛的存在。

《擁有越少，越幸福》(*The More of Less*) 作者約書亞．貝克 (Joshua Becker) 對我說過：「收到禮物背後的心意很重要。」對有些人來說，送禮是他們傳遞關愛的方式，然而我要再次重申，真正的禮物不是在禮品包裝底下的那個東西。而是在移交禮品時發生的事。允許自己接受對方的關愛，讓其餘的自由流轉。自由流轉的概念並不限於禮品。當你放下任何對生活沒有益處的事物，就讓愧疚隨著那件事物一併流轉出去。**甩開對於放下的愧疚感，最好的方法是用喜悅取代愧疚，讓愛取代愧疚**。人一生所能擁有的空間與時間是有限的，要是你用愧疚和懊悔填滿那些空間和時間，便沒有讓愛完整進駐的餘地。提醒自己，你的人生裡實在沒有容納愧疚的餘裕。

我在聖誕節照樣送人禮物，也收禮物，但我專注在禮物交流的體驗上，而非禮物本身。而且我看重的是心意，禮物還在其次。我學會了你不能用禮物換取別人的愛。你得實際付出愛。

## 對放手的愧疚感不是放手造成的

如果物品讓我們不斷想起自己的債務或不知足，我們的心情會低落，會悲傷，會愧疚。回首前塵，我清楚看見愧疚感其實就是雜亂的一部分，跟掛在衣櫃的衣物或是雜物抽屜裡的玩意兒一樣。我也知道愧疚感與物品息息相關，東西清掉了，愧疚也會隨之而去。妙的是，**我們對放手的愧疚感，通常不是放手造成的**。**真正的根源是緊抓不放**。既然愧疚感與你緊抓不放的行爲本身交織在一起，唯一的解決之道是放手。我可以爲了昔日的錯誤、欠下債務、堆積雜物、忙碌而持續愧疚。然而，我選擇放下那一切，如今才可以過著充滿目標與喜悅的生活。

我邁向靈魂精簡之道的旅程，就像我的瑜伽老師摸到腳趾的旅程。關於你擁有的事物，並不是按照什麼魔法數字去決定你必須犧牲幾件物品，乖乖把東西扔了就會神清氣爽起來。「放手」就像拉筋伸展或瑜伽一樣，裡面蘊含著一番道理，還可以帶來重大的效益，但對自己要溫柔，觀照簡約一點的生活如何改變你，如何讓你更接近最重要的事。觸碰到腳趾的魔法，是發生在你覺得筋肉拉長之際，不論是什麼部位。而**放手的魔法則發生在你感覺輕盈之際，不論是什麼面向**。

# 第十三章

# 要錢還是要命：在金錢與人生之間找到平衡點

假如要我列出人生中壓力最大的事，那從我滿十八歲領到人生第一張信用卡起，直到我在坐三望四的年紀跟馬克決定要終結債務爲止，財務都穩坐第一名。我們厭倦了凡事都得優先考慮錢的問題。當我們決定清償債務，債務帶來的沉重壓迫感便開始消散。儘管我們得辛苦幾年才能還清債務，但僅僅是選擇這一條正確的道路，我們便覺得輕鬆了些。我們各自揹著債務結爲夫妻，但大部分的債務是我帶來的，包括學貸、車貸、卡債，還有以前的醫療帳單。此外還有我們的房貸，以及我們爲了把房子變成住家而投注的所有開銷，不難看出我們入不敷出。那時我們想要排除壓力，活得更快樂、健康，因此即使我罹患了多發性硬化症，我們仍然決定同心協力，清償所有的債務。我們明白要終結債務，就得仔細檢視實際的債款數字，必須討論我們通常絕口不提的財務，也得改變生活習慣，至少要改變一陣子。我的第一步是重新閱讀薇琪・魯賓與喬・杜明桂的《跟錢好好相處》，早在我確診之前幾年，這本書便讓我考慮改變生活方式了。當我決定作出重大改變，我時常在事前及進行變革的過程中閱讀這本書，以尋求更多的靈感與動力，同時強化決心，既然我的心思已經放在這項改變之上，那便是重溫這本書的完美時機。這本書傳遞的思想引起了我的共鳴，我想是因爲書裡不是從數字切入金錢議題，而是聚焦在生活風格及行爲上。若說駕馭金錢就是駕馭數字的話，那我就慘了。

《跟錢好好相處》的說法是，看看我們的生活模式，就曉得很多人是犧牲生活來交換金錢，例如書中分享的這個例子：

想想絕大部分工業化都市的一般勞工。鬧鐘在六點四十五分響起，男男女女便起床，展開一天的生活。沖澡，換上工作服，有的人穿西裝或套裝，有的人穿連身工作服，醫務人員穿白袍，建築工人穿牛仔褲配法蘭絨襯衫。如果時間充裕，就吃一下早餐。拎起隨行杯和公事包（或便當盒），跳上車，加入俗稱尖峰時段的日常苦刑，或是搭上擠得水泄不通的公車或火車。從九點工作到五點。應付老闆，應付魔鬼派來惹人生氣的同事，應付供應商，應付客戶／顧客／病人。裝忙。掩飾錯誤。在老闆交代一個根本趕不上的期限時皮笑肉不笑。當那一把俗稱「公司改組」或「縮編」的斧頭砍掉了別人的腦袋，或者講白一點就是裁掉了別人，你呼地鬆了一口氣。扛起額外的工作量。看時鐘，與自己的良心爭辯，但贊同老闆的主張，又笑一笑。五點鐘。回到車上，驅車上路，或搭公車、或搭火車通勤回家。到家了。在伴侶、孩子、室友面前裝得人模人樣。吃東西，看電視，就寢。八個小時的美妙沉睡。

或許這不是你的日常，但很多人卻過著類似這樣的生活模式，包括每五分鐘檢查一次電郵信箱和臉書。爲了讓自己開心而買東買西，再爲了繳納貸款而做著自己不喜歡的工作，那種滋味我太清楚了。當你三十歲、四十歲或年紀更大之後，你可能已經對二十歲時選擇的職涯或生涯不再有共鳴。然而，我們卻試圖讓原本的選擇起死回生，因爲這時我們覺得自己動彈不得。我們得賺錢維持自己的生活形態，騙自己說這是在經營生活，不只是在賺死薪水而已。當我們踏上把債務歸零的旅程，我無意辭去工作，但債務一筆筆地消失，償債的擔子變輕以後，我便知道，或許可以考慮辭職。《跟錢好好相處》的幾個強大練習揭露了殘酷的事實，**讓你知道自己實際上賺到了什麼、你如何拿所謂的生命能量去交換身外之物，以及如何作出扎扎實實的改變**。這本書的教誨給了我許多方面的助力，不過到了需要擬訂終結債務的嚴謹計畫時，我們向大衛·藍西 (Dave Ramsey) 求助，他是作家，也主持廣播節目。我們想要有實質效益的策略，而且不是那種以「一夕致富」爲前提的辦法，結果我們成功了。大衛在他的網站上說，七十八%的美國人是月光族，九成的美國人在買自己負擔不起的東西。這兩項統計數字都符合我們家的狀態。我們報名了他的財安大學 (Financial Peace University) 課程，許多地方的教會及網路都有授課，我們展開步驟一「存放一千美元以備不時之需」。一開始，我覺得這麼做是腦袋破洞。爲什麼要儲蓄一千美元來應付緊急狀況？這筆錢不是可以給我還債嗎？但話說回來，既然我原本的作法不管用，我決定遵守他立下的規矩。

我們在幾年後才結清債務，而那些年的還債生活改變了我們的很多行爲，包括：花錢如流水、把逛街當作消遣、購置我們以爲自己應該擁有的東西。我的身心狀態越好，越不在乎要爲電子產品升級、爲客廳添一張新地毯，或是建造新的露臺或欄杆。我們變得比較常談論自己重視的事，討論我們要過哪一種人生、要如何照顧女兒，以及債務歸零之後的生活會是什麼樣子。有時候，我得辛苦地擊退愛怎麼花錢就怎麼花錢的老習慣，但我也注意到，**撙節開支、債務下降、身外之物減少，都讓我更安然自在**。我一點都不懷念血拼的償付壓力，也不想再嚐到購物後的懊悔。我們遵照大衛．藍西的意見，從小額的債務開始償還。有的人對這種作法不以爲然，會建議你從利息最高的大筆債務開始下手。藍西說：「**掌控你的金錢並不是數學題目。而是行為問題。擊潰債務的最佳辦法不是拿出計算尺和算盤來算帳；你得改變自己的金錢觀。**」我們不是要跟體制鬥智，找出更划算的利率，甚至是提升我們的信用評等。**我們只想要自由之身。**

我是從廣播節目發現大衛．藍西這一號人物的。聽著跟我一樣的平凡人打電話諮詢他財務上的問題，或是分享他們債務歸零的故事，眞的很勵志。我心想：「要是他們辦得到，那我也可以！」我也欣賞藍西單刀直入的作風。我們從各種角度來圍剿債務。我們撥出一千美元的應急基金，主要用來防範緊急狀況，然後開始抽出更多錢來還債，從小額存到大額。我剪了全部的信用卡（減少要照顧的事物）。我記得當自己一家一家地打電話給發卡公司，回絕他們利率更優、點數更高的誘人新方案，我覺得自己充滿了力量。取消信用卡有點可怕。萬一我臨時有急用，需要信用卡怎麼辦？然後我想到了自己的應急基金，跟我那一堆根本不緊急的信用卡「應急」購物。我們開始在添購必需品的時候一律付現，拒買一切不是眞的必要的東西。我們也出售一些物品，於是有了更多錢來還債。**我們把五十美元當作賣東西的基準線。如果我們認為某件東西至少可以賣到五十美元，那就賣，如果低於五十，那就捐贈**。時間也很寶貴，我們不想爲了賣十美元的東西而應付買方的殺價。債務歸零後，我們便不再販售舊物，改成捐贈。我們在院子舉行舊物大拍賣，我喜歡稱之爲「絕對是最後一次的大拍賣」，並且聯絡了我們那兒的慈善機構，講好時間，由他們收走賣剩的全部物品。我們讓蓓莉自己決定要不要一塊兒賣她的東西，她可以留下販售物品所得作爲零用錢。她在我們的院子拍賣會上有一個攤位，出售她的塡充動物玩偶和不穿的衣服。我們賺到的每一分錢都拿去還債，剩餘的物品則捐贈出去。我們不曾再辦過院子大拍賣。我們賣了房子，結果冒出一批派不上用場的物品，索性全部搬到車道上擺放，拍了一張現場的全景照片，貼在網路上，附上簡簡單單的五個字：「免費大放送。」不出一個鐘頭所有物品便一掃而空。

## 重新定義成功

我做過很久的業務工作，因此在過去，我都以各種期限和金錢來衡量成功。我以自己的成就和自己擁有的事物來掂自己的斤兩。我會作比較、競爭，追求更大的數字跟更多的身外之物，但那沒有給我的人生帶來意義。我忘了把事業之外的生活納入我的成功方程式，整條方程式完全聚焦在金錢與身外之物上。這是我的第三千兩百四十九號錯誤。

由於我體驗到一切從簡的益處，加上書本及其他部落客提供的資訊，我不禁重新評量自己對成功的定義。我們一邊清償債務、販售舊物、捐贈物品，我也開始寫部落格，名為「精簡更寬裕」(*Be More with Less*)，與其他發現簡約之樂的部落客交流。記得我曾經想過也許應該等我摸索出全部的答案，等我們零負債時或等我更懂精簡之道時，再開始寫部落格。然而我醒悟到，眞正啓迪我的那些人，不是專家，而是一邊實踐一邊摸索的人。他們不是一切都了然於心。他們只是分享自己的經歷，有高潮，也有低潮。其中一位是譚美·史楚貝 (Tammy Strobel)。在二〇〇五年，她跟丈夫羅根被債務和雜物壓得喘不過氣，兩人也都不滿意自己的工作。他們決定要簡化生活。他們出清了九成的家當，打造小小的拖車屋來棲身，終結債務，轉換工作跑道。譚美是我認識最厚道的人，那種厚道絕大部分來自她去除了那麼多的壓力。李奧．巴伯塔 (Leo Babauta) 則是在關島展開他的蛻變。身爲一名丈夫，六個孩子的爸爸，他在決心化繁爲簡之前，他既不快樂，也不健康。他債台高築，常以抽菸和暴飲暴食來緩解痛苦。我看著他記錄自己的全面改造之旅。如今他帶著孩子和妻子艾娃定居在加州。他們清理掉大部分的物品、全部的債務，戒了菸，也減掉多餘的體重。李奧開創自己的事業，採用較健康的純素飲食，並且天天跑步。還不止這些人呢。約書亞．貝克 (Joshua Becher) 是一位牧師，同時也是一名丈夫和爸爸，某天他清了一下午的車庫，沒能跟兒子共同消磨午後的時光，在懊喪之餘，他決心往後生活要過得簡單一點。約書華．菲爾茲．密爾本 (Joshua Fields Millburn) 在母親死於癌症的那一年離婚，意識到人生不應該只有這樣，於是找來孩提時代的好友萊恩．尼克迪穆 (Ryan Nicodemus) 一起創立一個極簡主義的部落格。他們看到極簡主義如何翻轉他們的人生，連他們在網路上吸引到的讀者也因著他們改變了生活，於是約書亞和萊恩製作了《極簡主義》(*Minimalism*) 紀錄片來探討重要的事物。

他們每一位的故事都鼓舞了我的旅程，讓我看見**自己的故事不用完美也不必完整，一樣能啓迪別人**。畢竟，完美並不眞實。我們覺得自己跟完美沒有切身關係，完美不能感動或改變我們。長久以來，我以爲自己一團糟，絕對理不出頭緒，以爲我的故事不夠好、不夠完美、不夠有力，講出來會浪費別人的時間。然而已故的加拿大歌手及詩人李歐納．柯恩（Leonard Cohen）[1]不作如是想：「凡事都有裂縫。光就是從裂縫照進來的。」

現在，我將各種的評量項目納入我對成功的新定義裡，諸如我如何運用時間、如何待人，包括如何對待我自己。新的定義已經不再和期限、金錢、身外之物、坪數、職稱有關。

1 加拿大創作歌手、音樂人、詩人以及小說家。其作品中充滿對宗教、孤獨、性以及權利的探討。

# 第十四章
# 一個簡單的邀請：一切從簡高峰會

我已經交代了爲什麼金錢問題可能像千斤重擔，很多人都有類似的經歷，然而談論金錢的壓力更是沉重，尤其是錢包已見底但離發薪日還有很多天的時候。馬克跟我努力終結債務的過程相當順利。我有很多想要展開的革新，但我不清楚馬克的心意。我不想逼迫他改變，也不想只有我在獨自努力。我希望自己打算進行的變革能夠讓我們的感情更加親密，而不是漸行漸遠。我提出的清理雜物點子他一向都很願意考慮，但我不確定他是否知道我對下一步的打算。我想要再接再厲，維持簡約的生活，好讓我們迎接更寬廣的人生。

我都會趁著晚餐或在我們其中一人出門上班之前拋出一些暗示，但我知道如果自己要馬克鄭重地考慮作出一些改變，我們就得從長計議，不能只以匆忙的三言兩語帶過。這一場對話可能會扭轉我們的生活，我必須創造一個能讓我們專心對談的時間和地點。我記得那時候自己發出了電子郵件，邀請出席我們的第一場「一切從簡高峰會」——這樣的名稱或許有點掉漆，但我們要討論的事情太重大，我希望可以注入一些趣味和輕鬆的氛圍。我認爲一切從簡高峰會是不錯的起點。我想要爲這高峰會打造一個宜人的環境，以便討論可能令我們不舒服的議題。

## 我們的第一屆「一切從簡高峰會」

我們把召開一切從簡高峰會的事掛在嘴上幾週之後，才決定敲定日期。我在開會的那一天發出電子郵件提醒馬克，並且說我很興奮要跟他討論我們的事及我們的生活。這爲整件事定了調。這不會是沉悶無趣的閒聊，而是關於我們人生的精彩對談。開會之前，我們到外頭散步半個鐘頭，徹底放鬆心情，將白天的工作拋諸腦後。回家後，我們帶著各自的筆記型電腦在廚房餐桌前就定位。我在線上建立一份文件，供兩人一邊對談一邊瀏覽、編輯。其實任何類型的文件都無妨，即使是紙筆也行，只要兩人可以輕鬆地同時瀏覽、編修文件就夠了。但數位文件是不錯的選擇，因爲日後要調閱很方便。我們檢討的第一個項目是我們的**動機**。爲什麼抽出時間做這件事？我們在文件的頂端打下：「我們召開這一場一切從簡高峰會來檢討每月帳單、儲蓄計畫、考慮搬家（而且是搬進較小的公寓），同時也討論我們的現狀以及我們希望擁有怎樣的狀態。既然我們可以接受非主流的生活方式，這次的對談可以協助我們向前進。」我們的文件與討論分爲五大項目：**財務、健康、問題與討論、我們想達成的目標、行動步驟**。

## 1 財務

我們從帳單開始談，想要直搗黃龍。我們歸納出幾個明確的討論重點，因而消除了時常跟金錢串聯在一起的情緒，就事論事。我們審閱了每個月的例行開支項目，如果想提出哪一個項目的相關問題，或是有如何刪減支出的點子，就填寫在該項目的旁邊。我們也檢視了其他的支出，包括買菜、吃館子、旅行、運動、持家等等。討論完兩份清單後，我們的重大問題是：「**我們要怎樣刪減更多開銷，努力存錢，多多貢獻一己之力？**」

## 2 健康

我們的醫療費用超過了醫療保單的最大自付額及自付額（多發性硬化症，謝啦），因此只要是我們在年終之前做完的醫療項目，統統可以領到全額的理賠。[1]

我們把能做的門診都列出來，填寫到下方的行動步驟內。我不必在隨後兩週天天嘮叨馬克去掛號，因爲那在他的行動步驟清單上。我也更有動力去安排好自己的門診日期，因爲我知道那是我的責任。

健康必須納入討論，畢竟我們當初就是被健康問題嚇到，才會走到這一步。**我們兩人都得照顧好自己，才能以最佳的狀態對待彼此**。這並不表示我們總是身強體壯，也不見得一律只做健康的事，但我們會照顧自己，以便照顧好彼此與我們的女兒。

## 3 問題與討論

我在高峰會之前擬訂了一份問題清單，我們兩人都針對這份清單填寫了答案，又增列其他問題。付諸文字很重要，因爲下一次我們回顧這一份文件時，便能看見我們對問題的初步反應及想法。既然我們明白了人生無常，也對生活裡的革新非常滿意，因此我們凡事都可以討論。與其因爲被情勢所逼才去改變，我們更喜歡主動出擊。以下列舉一些我們在第一屆高峰會討論過的問題：

- 現在我們能賣掉什麼東西？
- 我們搬家時會賣掉什麼？
- 我們還能捐贈什麼東西？
- 我們需要做哪些事才能賣掉房子？
- 爲什麼不馬上賣房子？
- 爲什麼現在賣房子？
- 我們想要怎樣的住家？
- 我們想在怎樣的社區生活？

1 美國醫療險設有自付額及最大自付額，未超過自付額的醫療費由被保人自付，超過的則理賠一部分。若是被保人自付的全年醫療費用超過最大自付額，保險公司會全額理賠超過的部分。

- 我們要如何支付大學的學費？
- 有開創其他財源的方法嗎？
- 我應該找個兼差嗎？
- 我們得做些什麼才能策劃假期？
- 我們明年有什麼旅行計畫？
- 我們能不能賣掉一輛車，兩人共用一輛？
- 有沒有我們想參加的社區志工服務項目？

## 4 我們想達成什麼目標？

我們知道隨後一年的生活將會大幅改變。我們也承認自己駕馭不了一切，其實大部分事情都不受我們操控，但我們有想要努力做到的事：

- **一年目標**：盡力增加應急基金，爲蓓莉想出不必貸款就能上大學的計畫。
- **五年目標**：生活費縮減五十%。

- **十年目標：**我們在這個項目保留空白，因爲實在無法預見我們十年後的生活樣貌。世事總是變動不定，我們要對機緣保持開放。

## 5 行動步驟

（這是我們的第一屆「一切從簡高峰會」的行動步驟，而每次高峰會的步驟項目可能都會異動。）

**馬克**

- 跟牙醫掛號
- 跟醫生掛號
- 調查汽車買賣的資訊
- 保養汽車
- 辦理每月自動儲蓄存款

**蔻特妮**

✓比較保險費

✓調查獎學金／補助金

✓安排乳房攝影檢查

✓開始接洽房仲

我們在兩週後檢討行動步驟的進展。就算我們不召開一切從簡高峰會，日子照樣過得下去，但我們想說出那些不曾明言的事，提出那些通常不會問的問題。我們的第一屆一切從簡高峰會是在二〇一二年召開的，當時我們還沒賣房子，女兒還沒從高中畢業，我連工作都還沒辭掉。之後我們舉行了很多次高峰會，也會特地討論我們想要的生活。我們談論好玩的事，也共商棘手的事務。我最喜愛的主題一向來自「要是我們〇〇〇的話，一定很瘋狂吧？」的問題。我們的人生**充滿目標**，這有助於打造幸福的婚姻，共創有意義的人生。

如果你想試試看卻覺得一切從簡這個字眼太嚇人，大可改成「幸福高峰會」，或是「心心相印高峰會」。**會議的目的是讓雙方開始討論你們的共同生活。**

# 如何召開你們的一切從簡高峰會

- **訂立日期**。找出不會被孩子或其他事物打擾的一、兩個鐘頭。
- **製作議程表**。備妥你們的問題清單及其他參考資料，才能把時間用在對談，而不是查資料。
- **雙方要對談**。發言，然後聆聽，再聆聽。
- **作一點白日夢**。說說「**要是我們〇〇〇的話，一定很瘋狂吧？**」或「**要是我們可以〇〇〇，我想一定很棒。**」之類的話。然後支持這些夢想，調整一下，改造成可以實際施行的版本。
- **提出「為什麼要現在做？」或「為什麼不現在做？」之類的問題**。把正反兩面都思索玩味一番，揪出那些你原本沒有察覺到的恐懼，仔細思考。
- **寫下來**。
- **確立誰要負責哪些行動步驟**。
- **訂出檢討會議時間**：敲定一個一、兩週後的日期來進行簡短的檢討會議，以檢視你們行動步驟的進展。

✓ **結束提醒**：結束會議時一定要說：「有沒有什麼我們開會時沒有提到，但你想討論的事情呢？」

你可以和配偶、家人、甚至是自己召開一切從簡高峰會。如果你自己一個人住，可以獨自舉行一切從簡高峰會。不管你的年紀大小，身處何種情境，要刻意定期檢討財務、健康及所有你重視的事項，這很重要。始終如一地觀察自己的生活方式，提出質疑，而思考新的機會與方向會帶來更多的問題、更好的答案，活出吻合你的期望、夢想、價值觀的生活，不再追求你認爲別人要你擁抱的期望、夢想與價值觀。**成長**、**改變**、**壯大的機會，完全取決於你願意考慮的作法**。

第十五章

# 簡單是最新潮流：333精簡穿搭計畫的誕生

在精簡個人物品的過程中，家裡有個我置之不理好一陣子的地方——我的衣櫃。我實在不想碰。家裡只剩下衣櫃，是我可以一再從這兒或那兒挑出一、兩件雜物的地方，畢竟，服飾是必須品，人總得穿衣服。當我終於決定把衣櫃納入簡化之旅的一環，我知道自己不能從衣櫃的外圍漸漸向內層進攻。慢慢清理衣櫃的雜物是行不通的。幾十年份的服飾不僅塞進了我的衣櫃，也進駐了抽屜、車庫裡的紙箱及家裡的各個角落。我決定豁出去，給自己一項挑戰。

## 我的極簡穿搭術挑戰：333精簡穿搭術計畫

我在二〇一〇年展開了一項極簡穿搭術的挑戰，

我稱之爲「333 精簡穿搭計畫」(Project 333)，決心釐清自己究竟想要怎樣的服飾，並篩選出應該留在衣櫃裡的衣物。我給自己的挑戰是：**三個月內只能穿戴最多三十三件單品，包括衣服、首飾、配件以及鞋子**（大多數人看到這一項就打退堂鼓了）。我沒把內衣褲、睡衣、居家休閒服、運動服列入計算。話雖如此，只有我實際穿去運動的衣服，才能歸類爲運動服飾。瑜伽褲就是在瑜伽課穿的褲子。如果瑜伽褲主要是穿去買菜或跑腿，就得列入三十三件單品的計算項目。我在網路上分享了簡化穿搭的想法。有的人覺得我太誇張，有的人覺得我瘋了，也有的人想共襄盛舉。起初，有大約一百人回應說：「我也要加入。」他們在我那一篇部落格文章底下留言，說他們也要加入挑戰。有的人想在自己的部落格或社群媒體上分享他們的體驗，所以從一開始就擁有這樣的支援網絡眞的很棒。

挑戰了大約一個月後，一位美聯社 (Associated Press) 的記者打電話給我，說想撰寫「333 精簡穿搭計畫」的新聞稿。在北美及其餘地方的幾百家報社和網站也有報導。這項挑戰的消息可以在媒體和網路上瘋傳眞的很教人興奮，但也很驚人！我還在學習如何以少少的服飾完成穿搭，在精簡衣櫃的領域裡，我自認絕對不是什麼專家。

## 精簡穿搭 vs. 超支血拼，哪個才是嚴苛挑戰？

各界的回應不全然是正向的。一篇報導引述了《*Vogue*》時尚雜誌行銷總監對333精簡穿搭計畫的評論：「很嚴苛，不適合大部分人。」或許有的人會因此認爲這項挑戰很瘋狂或不可能辦到，但明明就有很多人發現事實恰恰相反。你可以說那很怪、很瘋，但絕對不是嚴苛。以較少的單品來穿搭並不是犧牲，令人意外的是，多數人覺得這項挑戰的難度沒那麼高。**真正的嚴苛的是，拿我們錢包裡沒有的錢去買我們根本不穿的衣服。我們用牛仔褲尺寸來評量自己的價值，用資產淨值來決定自己的分量，這才叫嚴苛。**

333精簡穿搭計畫一開始是我的個人挑戰，目的是終結衣櫃的亂象，進一步定義「夠用了」對我的眞正意義。一百位讀者參加了挑戰，也引起一位記者的興趣。自從二〇一〇年我開始這一項穿搭挑戰之後，便經歷了巨大的轉變。**簡單清爽的衣櫃不只改變我的穿搭，更全面翻轉我的生活，也徹底改寫了自己與物品及購物之間的關係。**

顯而易見的外在變化有：

- ✓ 早上輕鬆省事。
- ✓ 更快準時就緒。
- ✓ 閒暇時間變多。
- ✓ 省錢不再添購。
- ✓ 更常得到讚美。

當然，還有意義更重大、改變人生的內在變化：**我的罪惡感和決策疲乏(decision fatigue)[1]雙雙下降**，神清氣爽。天天目睹自己花了多少錢購買不穿或不愛的衣服，只令我消沉。將那些衣物掃地出門，罪惡感也隨之而去。我更能專注在自己眞心重視的事物上。現在我的週末時間不會被購物消耗殆盡，不會在網路搜尋最划算的商品，得到更多時間思量自己眞正的興趣是什麼。**我的自信開始建立在我的眞實樣貌之上，而不是我的衣著**。過去，我以爲自己需要新的衣服，才會有自信。要有得體的高跟鞋我才覺得充滿力量，有新的洋裝才覺得性感出色，有新的外套才覺得冷靜自持，作好了萬全的準備。現在的我不必仰賴新的衣物，照樣有那些感覺，而且有過之而無不及。

如今世界各地已有成千上萬人參與了333精簡穿搭計畫，繼美聯社的第一篇報導之後，英國國家廣播公司（BBC）、美國有線電視新聞網（CNN）、Today.com、《歐普拉雜誌》(*O: The Oprah Magazine*)、《返璞歸眞》(*Real Simple*)、《*More*》也做了專題報導。在那整段歷程中，最多以三十三件單品來穿搭的人分享了他們的心得，我發現最有意思的地方是到頭來，**這一項穿搭大挑戰其實跟時尚或服飾沒什麼關連，重點反倒是在健康、快樂與更多的用心。**

## 簡單是最新潮流

「簡單是最新潮流」不是我以前會奉行的時尚準則。我十三歲的時候，媽媽帶我去波士頓看骨外科。我的膝蓋向來有毛病，所以我們常去波士頓看診。門診

1 作了太多的決策以致腦力下降，無法作出良好判斷的現象。

很嚇人，有時還會痛得我半死，但媽媽總是會把看醫生變成值得期待的出遊。她會帶我去館子吃午餐、做頭髮，或是逛街血拼。我很愛那些跟媽媽一塊兒消磨時間的時光。有一回，她帶我去波士頓的經典地標，費林地下商城（Filene's Basement）。我看到兩位成年女性在大庭廣眾之下，衣衫凌亂地搶奪一件打折的名牌洋裝。我不敢置信地望著她們，心想：「我長大以後要跟她們一樣！」

時間快轉到二十年後，我認同《欲望城市》（*Sex and the City*）裡的凱莉·布雷蕭選擇把錢花在鞋子上，而不是付房租。有一集，她繳不出公寓的房租，但價格高昂的 Manolo 與周仰傑（Jimmy Choos）[2] 名鞋裝滿了她的衣櫃和她的心。我羨慕凱莉的時尚眼光、不管事情輕重緩急的率性、還有她的小蠻腰。我的衣櫃跟凱莉的判若雲泥，但我一向立志要買更多的名牌服飾，擁有更多的選項。我始終不覺得自己衣服「夠」多。大半時候，**我逛街圖的是改頭換面的感覺，我很少因為真的缺衣服而添購行頭**。我衣服多的是。我買衣服是爲了帶給自己某種感覺，想在別人的心目中營造某種形象。那時的我絕對說不出這種話，但如今回顧，一切昭然若揭。我想要覺得自己冰雪聰明、美麗動人、深深被愛。

我買讓自己顯瘦的牛仔褲、我認爲性感的洋裝，和讓我覺得充滿力量的高跟鞋。我穿套裝去開會，好讓別人知道我有資格待在會議室裡面，即使那是我最不想去的地方。**我為了每件事和每個心情去採購，心裡依舊沒有舒暢一點。不曉得我哪裡壞掉了。**

我每天打開衣櫃，便會想到我錯誤的購物決定、體重的高低波動，當然還有我花掉的大錢。我是月光族，衣櫃裡還有我連穿都沒穿過的衣服。到了三十五歲左右，不論我把什麼衣服收編到衣櫃裡，帶來的快樂總是不持久，對我的生活也不具深刻的意義，我在挫敗之餘，想起曾聽過的一句話：「我買了一輩子的衣服，照樣沒有衣服穿。」這句話在許多層次上，都讓我心有戚戚焉。

若說滿溢的衣櫃不足以讓我認清自己需要縮減衣物，那麼墨西哥之旅絕對打醒我了。在爲期不到一週的假期裡，我帶了六雙鞋外加穿在腳上的那一雙。我全程都穿著夾腳拖。當我開始最多只穿三十三件衣物的日子，我出遠門時就更有輕裝上路的信心。比方我去歐洲一個月，只帶了一件手提行李。我有充足的衣物，

2 是以創始人周仰傑的英文名命名的鞋履品牌。Jimmy Choo 為旅居英國的馬來西亞籍華人設計師，出生自鞋匠世家。九〇年代在倫敦開始展開訂製鞋業務，顧客為遍及世界各地的名流。

可以把精神放在認識旅途中的新城市上，而不是想著衣服夠不夠穿，或是在思考要如何帶著大量的行李四處跑。

還記得我陣容龐大的皮包和太陽眼鏡嗎？當我精簡到各留一件，大家很擔心地問我：「萬一你這一個遺失了或弄壞了，怎麼辦？」彷彿精心收藏的大量皮包和太陽眼鏡，是我們生死存亡的關鍵。答案很簡單。要是什麼東西遺失了或損壞了，就換一件新的，或是乾脆就不用了。我拒絕活在害怕東西不夠用的恐懼裡。

我從簡化穿搭學到了很多事，其中五個領悟讓我願意持續下去，每三個月都以三十三件單品來穿搭，並願意推薦每個人都試試看。

## 1 維持快樂所需的衣物，遠比我想的更少。

我擁有越多，就想要越多。彷彿我的衣服需要更多的衣服同伴。我會這樣想：「那件毛衣跟我的那幾條牛仔褲很搭。」或是：「再加上一條新的絲巾或皮帶，整個人就真的更有型了。」我汲汲營營追求多多益善，卻換來了挫敗、超支、不滿。**從少少的三十三件單品裡選擇衣物，反而落得輕鬆自在，幾乎立刻便能對自己的衣物**

**油然生出感恩之情，而不是想著下一件需要買的單品是什麼。**

## 2 沒人在乎我穿什麼。

眞是太錯愕了！別人不是時時刻刻都在想著我。我費了那麼大的功夫，以服飾展示自己是怎樣的人，結果沒人注意我的衣著。開始 333 精簡穿搭計畫大挑戰的時候，我是一家雜誌社的全職廣告業務，我們的目標客群是非常優渥的人。我時常在辦公室開業務會議、與客戶共進午餐、參加社區活動。我大半時候都在外面奔波，時常見到同樣的一大票人。沒人察覺我那三個月都穿相同的幾件衣物。同事沒注意到，客戶也沒注意到。我得到的讚美還變多。那一年，我甚至都穿同一套洋裝出席每一場假日的社交聚會和活動。

## 3 決定穿什麼很燒腦，不如把腦力用在更重要的事情上。

你有決策疲乏的經驗嗎？連超市的穀片貨架上都有教人應接不暇的選擇。Cheerios 出了十四種口味的穀片。根據《消費者報告》雜誌（*Consumer Reports*）調查顯示，在一九七五年至二〇〇八年之間，一般超市的商品種類從平均九千種爆增到四萬七千種。記得以前早上我會試穿好幾套衣服，想找出最完美的搭配去上班。**現在，我收藏精簡的少量衣服，再也不必天天傷腦筋作決定。每天穿的都是自己最心愛的衣物。**

## 4 簡單的衣櫃是通往簡單生活的大門。

一旦你開始享受簡單穿搭的妙處，你會對簡化生活充滿好奇。**衣櫃裡的簡約風格會蔓延，滲透到你家的其他地方，以及你生活裡的其他領域。**當我醒悟到衣櫃裡只需要一點點衣物就夠了，不但足以應付日常所需，更可以活得如魚得水，我便納悶起生活中還有什麼在牽制我，害我不能更徹底發揮、更幸福快樂。我真的需要那麼多支鍋鏟和金屬打蛋器嗎？既然我現在都聽數位化的音樂，何必留著CD和CD盒？

## 5 刪繁就簡是邁向愛的道路。

**我憑著刪繁就簡，走向了我愛的人、我愛的工作、我愛的生活。我清掉了一切無關緊要的事物，終於明白什麼才重要。愛最重要。**（這個強大的概念可以塑造你的簡化之旅，就跟我當年一樣，詳見本書〈第四部曲：打造愛〉。）

**永遠沒有任何事物可以讓你覺得自己漂亮、聰明、被愛，除非你先相信那是你現在的狀態。**你真的已經是那樣的人了。精簡之道轉變了我的心、我的健康、我的整個人生。我晚上不會鑽研廣告單，週末不會逛購物中心。我不會渴求鄰居的新車或凱莉・布雷蕭珍藏的名鞋。我不會拿自己的服飾與你的衣著作比較，我不會以自己的資產淨值評量我的個人價值。

333精簡穿搭計畫起初是我的個人實驗，但後來吸引了廣大女性、男性、媽媽們、藝術家、企業界人士、世界各地形形色色的人加入，而他們都有一個共通點。他們終於說：**夠了就是夠了。**

## 如何打造你自己的333精簡穿搭計畫

想想如果你把耗費在服飾上的大部分時間、金錢、精力，投注在服飾底下的那個人身上，會發生什麼事？爲隨後三個月挑出最多三十三件單品的精簡穿搭陣容。暫且擺脫烏煙瘴氣的衣櫃，不再選購新的行頭，享受一下這個喘息的空間。

## 規則

- **時間**：每三個月爲一季。正式的季節劃分是一月到三月、四月到六月、七月到九月、十月到十二月。（隨時可開始，永遠不嫌遲！）
- **什麼要算**：只穿戴三十三件單品，包括衣服、配件、首飾、外套、鞋子。（對，鞋子也納入計算。）
- **什麼不算**：以下項目不列入三十三件單品的計算：婚戒或其餘你戴著從不離身的紀念品、內衣褲、睡衣、居家休閒服、運動服（運動服就得眞的穿去運動，否則要列入三十三件單品的計算）。
- **作法**：挑出三十三件單品，其餘的個人時尚宣言則一律裝進箱子，用膠帶封好，收到看不見的地方。
- **其他注意事項**：當作你是在規劃自己的衣櫃，打造可以應付未來三個月生活、工作、娛樂需求的穿搭陣容。這不是要你受苦受難的挑戰。如果你的衣服不合身或衣況不良，就換件新的吧。

## 如何永久淨空你的衣櫃

整頓衣櫃、肅清雜亂可能是長達一輩子的抗戰。在我開始每三個月一次，挑出最多三十三件單品來穿搭之前，我每一季都要清理一次衣櫃。我會審視衣櫃裡的衣物，東挪挪西挪挪，清掉一些衣物，再塞回更多的衣服。我會把收在車庫的那一堆收納箱拖進屋子裡，將收納箱裡的衣物跟衣櫃裡的互換位置，設法騰出一點點空間，然後出門血拼來慶祝換季。如果用谷歌搜尋惡性循環的圖像，你可能就會看到我跑完剛剛描述的流程。當我終於決定永久淨空我的衣櫃，以下的瘋狂問題與情緒便統統冒出來了。

**罪惡感**問：「爲什麼花那麼多錢買不穿的衣服？」

- ✓**挫敗感問**：「六個月後又得整個重來一遍嗎？」
- ✓**恐懼感問**：「要是你放手了，剩下的衣服夠穿嗎？」

我聆聽每個問題，感受到了情緒。這幾個問題每到換季便會浮現，連續聽了幾十年後，我曉得該是改變的時候了。**如果你清理衣櫃亂象的模式疑似出現了惡性循環的傾向，就一勞永逸地徹底清理衣櫃**。按照以下的步驟，盡情地清理你的衣櫃吧。這說不定是你這輩子最後一次需要清衣櫃呢。大功告成後，你便完成了進行精簡穿搭大挑戰的準備工作，可以展開333精簡穿搭計畫了。

## 第一回合

- ✓在日曆記下日期。視衣櫃的狀態而定，你可能需要二到五小時，或是更久。排除當天的雜務，雇用保母、拔掉插頭，鄭重地看待這一天。
- ✓製作兩份播放清單。一份是你最愛的歡樂歌曲，愉快、振奮人心、一切都會平安無事的那種音樂；另一份則是讓你平靜下來的歌。整理的過程中，你會需要美好的音樂。

- 準備好一個水瓶。這是馬拉松，你得補充水分（還有零食）。
- 淨空衣櫃。對，衣物統統拿出來。徹底淨空。
- 暫且別擔心衣物要如何分類擺放，只管一股腦地扔在床上。如果全部堆在床上，你就會有在就寢之前整理好衣櫃的動力。
- 如果你有收在五斗櫃、收納箱或家中別處的衣服，也去拿來。堆在床上。
- 在淨空衣櫃的時候，把鞋子、配件、首飾都拿來。一件都不漏。
- 清洗衣櫃。把衣櫃內部擦拭得乾乾淨淨。風乾。
- 休息一下。現在是散步的好時機。離開你的衣櫃、服飾、罪惡感、挫敗感、恐懼感或其餘浮現的情緒。出門走一走，喘口氣。放手。

## 第二回合

- 喝水，調高音樂的音量。
- 爲床上的衣服進行鐵面無情的初步分類，堆放在地上。別想太多，憑著第一反應分類。將衣物分為以下的幾堆：

一、**寶貝區**：這是我心愛的服飾，合身又常穿。

二、**或許區**：我想留下這一件，雖然我不清楚為什麼（大家都曉得自己有這種衣物）。

三、**捐贈區**：這些衣服不適合我的身材或生活。

四、**垃圾區**：狀態不良的衣物（如果可能的話，用在其他用途）。

✓ 持續整理到床上沒有剩餘的衣物，而地上有四堆衣服。

✓ 在床上打滾，舉起兩隻腳大叫：「馬上就完工啦！」

✓ 喝水、吃零食。

✓ 將捐贈區的衣服裝箱或裝袋，搬到車上或車庫。立刻挪到看不見的地方。

✓ 丟棄擺在垃圾區的衣服。

✓ 再次檢視你剩下的兩堆衣服。試穿你不確定要不要留的衣服，問自己下面的問題：

一、如果今天去逛街，這是我會買回來的衣服嗎？

二、我會在接下來的三到六個月內（或後半輩子）穿這件衣服嗎？

✓如果答案是不會，就扔進新的捐贈區，馬上加入其餘準備要捐贈的衣物陣容中，移到看不見的地方。

然後，將剩餘的全部衣物放回衣櫃裡，或是豁出去，開始進行333精簡穿搭計畫。既然你已經清理掉冗餘的衣物，挑選三十三件單品就簡單多了。將你想要納入計畫的單品分門別類地寫下來（衣服、首飾、配件、鞋），製作清單。挑完三十三件單品後，收好，將剩餘的衣物移到看不見的地方。你不必清理掉這些衣物，但隨後三個月都不要去翻看。利用這個機會享受你精簡的嶄新衣物陣容，以及你創造出來的所有空間。**和服飾及其他物品實際分離的最大效益之一，便是依附在物品上的情緒隨之消散。**

如果以最多三十三件單品來穿搭的點子讓你有點驚慌，心想：「我打死都做不到！」那你並不孤單。當我跟妹妹聊起這件事，她說：「我的333計畫應該是三十二個皮包加一條牛仔褲。」要知道，絕大多數人的第一反應是「我不行」——但他們會燃起好奇心。挑戰333計畫成功的人有男性、女性、家庭主婦或主夫、企業主管、藝術家等等。如果你對我的作法沒有共鳴，上YouTube查查看，在 Instagram 搜尋 #project333，或上網搜尋 "project 333"，看看世界各地的人如何將 333 計畫落實到他們的衣櫃和生活中。

在此分享一些關於這項挑戰的常見問答，或許能助你一臂之力：

✓ **為什麼要用三十三件單品？**但願我講得出一番大道理，可惜真相是我想要挑一個好記的數字。我覺得如果設定在三個月內只能穿戴二十五件到五十件單品，聽起來有點難卻不致於做不到，所以敲定了三十三件單品的數字。如果三十四件單品或五十四件單品比較符合你的需求，那就那麼做吧。只要是有難度的數字，而你穿戴的衣物變少了，數字並不是那麼重要。

✓ **你衣服的損耗速度有變快嗎？**我衣服的損耗速度沒有變快，但我確實比以前愛惜衣服。我的衣服一律用冷水清洗，掛著晾乾。

✓ **只穿三十三件單品不嫌膩嗎？**我不覺得膩，雖然我的服飾陣容不如以前多彩多姿，但我的生活變得更精彩了。如果精簡的衣物陣容令你生厭，不妨利用這次挑戰的機會，允許自己不要花那麼多腦筋去思考該穿什麼，將腦力用在你眞正在乎的事情上。如果你不知道自己在乎什麼，把你爲了行頭傷腦筋以外的時間拿來發掘你重視的事情。

✓ **要怎麼應付特殊場合的服裝需求**？我的單品包括一件洋裝（通常是好幾季都穿同一件），以便出席派對、婚禮或是其他的特殊場合。

✓ **如果上班得穿制服呢**？我建議把全部制服都算作三十三件單品裡的一件。

✓ **如果我上班需要不同類型的服飾呢**？我開始333精簡穿搭計畫時，在一間辦公室從事全職工作，我得出席各式會議跟活動，時常跟人打交道。我的衣服很夠穿，沒人注意到我穿搭的單品變少了。稍微降低你在職場上的服飾檔次、提高你休閒娛樂時的穿著水準，或許能幫上忙。試試看，瞧瞧怎麼做才適合你，而什麼作法行不通。

第十六章

# 住小房子的好處

在策劃換一間小房的初始階段，我們曾納悶自己是不是越活越回去了。現代人深信成功與成長，跟更大、更好是密不可分的，因此選擇小巧的居住空間、以少少的身外之物來生活，一些問題便浮現在我們的心頭上。然而，我們知道什麼才能令自己快樂，所以說到底，唯一的顧慮就是別人會怎麼看我們，而我們才不會讓別人的想法左右我們的決定咧。

世人依據一個人擁有的事物，來推斷對方是什麼樣的人，這實在很妙。他們有一棟大房子，想必飛黃騰達。他們有豪華房車，可見很幸福。他們有船、有水上摩拖車、有各式各樣的玩具，一定過著刺激的痛快人生。他們穿戴高級的名牌，品味應該很高明，而且有大把、大把可以自由揮霍的收入。二〇〇八年的金融危機將真相公諸於世，但我們在事前大概就心裡有數。你擁有或沒有的事物，根本不能代表你的人生。僅僅憑著一個人的外表，看不出這人是否成功、幸福、有冒險犯難的心，或是銀行帳戶裡有多少錢。你或許想要透過身外之物，向外界、向自己來宣告關於你的故事，可是眞相就是眞相。當我坐在墨西哥的海灘上，我相信別人一定以爲我的手頭很寬裕，但其實我只有一屁股債。配備了加熱椅墊的高級車沒有爲我帶來快樂。即便是買下第一棟房子，也沒有給我們帶來想像中的幸福美滿。那房子不曾屬於我們。銀行才是屋主。我們在第一屆一切從簡高峰會後決定脫手，好些人建議我們等到房市回暖再說。他們說假如等上十年，售價會漂亮很多。我們考慮了一番，但我們提醒彼此，再也不要讓金錢主宰我們做決定了。或許十年後售屋可以大撈一票，也或許不會，反正那不是重點。**我們聚焦在自己未來十年裡想要的生活方式**。我們想要照顧一棟大房子嗎？我們想要翻新屋頂、欄杆、電器、地毯等等可能在未來十年裡損壞的東西嗎？我們要持續將金錢、時間、精力及其他的資源，投注在我們眞的不想住下去的房子嗎？只爲了房市可能反彈，我們就要在未來十年裡勉強自己守著房子嗎？我們的答案是免談。

我們認眞考慮起換小房子的事，是在簡化生活、清除家中雜物之後。我們捨棄了那麼多東西，騰出了太多空間。在二〇一三年五月，我們從五十六坪的房子搬到二十一坪的公寓。賣房子沒讓我們賺到半毛錢，但我們終於不再負債了。我們沒有半個債主。我們也沒有別的煩心事。我們決定租屋一陣子，所以不必擔心物品損壞。也不必修繕房子。搬進新天地的最初幾個月，馬克會在週六起床時看著我，笑咪咪地說：「猜猜我這個週末不用做什麼事。我不用（接著他會說出以下的其中一項）掃落葉、鏟雪、修剪草坪、說服鄰居跟我們平分換新欄杆的費用。」

我有幾箱既不曉得能幹嘛又捨不得放手的東西。我用膠帶封住箱口，寫上標示：「收到儲藏室，晚點再決定。」結果，我們找到的新公寓根本沒有儲藏室。我不願意購買額外的儲物空間，於是便捨棄了那些東西。即使你願意以一百萬美元的代價，請我說出那些箱子裡收進什麼重要的東西，我也答不出來。我不記得了，這算哪門子的重要物品，是吧？我們搬進公寓時，只有我、馬克、蓓莉、我們的狗狗健力士，還有兩隻貓咪，威爾博與艾拉。公寓的面積不到舊家的一半，而我們已經擁有所需的一切。《簡樸生活的實踐》(*The Joy of Less*) 作者法蘭辛・潔伊 (Francine Jay) 建議：「你的住家是生活的空間，不是儲物的空間。」

自從搬到較小的空間，我們注意到小屋的巨大優勢，例如：打掃的時間縮短、享受戶外的時間變長、水電費下降、毋需修繕保養、壓力減少。以下是我們注意到的其他事情：

- **雜亂會吸引雜亂**。我們剛搬進小公寓時，決定將鑰匙及無處可收的東西一律放在廚房的某個抽屜裡。不久，這個雜物抽屜便塞滿了各式各樣的小玩意兒。現在我們將鑰匙掛在櫥櫃裡面，物品只要進了我們的家門，便要爲它們找到落腳之處，不再扔進像雜物抽屜之類的過渡空間。
- **精簡不是一無所有**。我們日常使用的物品比以前少很多，但牆壁上照樣掛著畫，家裡依然有我們喜愛的用品。**一切從簡的目標不是過著一無所有的生活，而是留下對你有意義、有用的物品來生活，而用途可能只是單純的喜愛**。
- **不一定要填滿全部的空間**。我們可以在牆壁上跟櫥櫃裡安裝置物架，或是利用廚房收納櫃上方的空間來囤放或展示物品，但我們不是一定要那麼做。
- **室內空間變小，就有欣賞戶外世界的更多餘暇**。既然我們沒什麼要做的清掃及收納工作，沒有要升級的用品或要修理的東西，我們可以欣賞街道對面的教堂，到屋頂上眺望山景，或是去可以俯瞰街景的山徑上健行。
- **一旦你需要替家裡物品添購收納的裝備，就該減少家裡的東西了**。當我們開始討論收納櫃或額外的倉儲選項，我們就曉得應該捨棄物品，而不是累積更多的收納用品來囤積東西。

**雜亂會變明顯**。住在開闊的空間裡，比較容易對雜亂視而不見。小空間卻會逼得你立刻正視雜亂的存在。

**住在小空間裡，比較容易在這個世界生存**。你需要維護、擔心的東西都變少了，也比較容易走到哪裡、工作到哪裡，可把時間用在享受戶外或旅行。

**讓一個地方有家的味道的，並不是東西**。原本我有點擔心要怎樣爲小公寓賦予家的味道，但讓一個地方有家的感覺的，並不是掛在牆上或擺在檯面上的東西。當我烹煮一道熟悉的菜餚、聆聽心愛的音樂、與丈夫及女兒共度時光、寫作，小公寓就有了家的感覺。

在我們換到小公寓之前，我們一家三口住在五十六坪的住宅裡。我們有三間臥房、兩間衛浴、一間辦公室、一個大廚房和飯廳、一間居家休閒室、一間客廳。我始終分不清客廳和居家休閒室的差異，只是小時候，除非是特殊場合，否則大人會禁止我們在客廳吃東西，也不准我們摸客廳裡的東西。如果那些空間不敷使用，我們另有五座衣櫃、一座大露臺、車庫，後院裡還有儲藏室。在每個空間裡，都有給我們裝東西的收納用品。我們不常在家裡招待客人，可是因爲每戶人家的廚房、飯廳、露臺都應該有一張桌子，所以我們有三張餐桌。在這些餐桌四周共有二十張椅子。有二十張椅子給我們一家三口使用。

或許有人會認爲我們越活越回去，或覺得我們作了糟糕的財務決策。但這些改變帶來了益處，因此我們懶得去管別人的意見。我們眞的是不在乎。關愛我們的人依舊關愛我們。對我們家來說，換小房子住不是越活越回去。憑著一切從簡的生活，我們有了時間與空間去欣賞一切讓房子變成家的事物。我們總算明白了家不是收納身外之物的容器。家，是經營愛與情感連結的地方。我們想要更多的愛與情感連結，因此我們擺脫了身外之物，爲這個目標騰出空間，一個可以容納更多愛與情感連結的空間。

第十七章

# 放手的聲音

某天的清晨五點半，我在波特蘭的奧勒崗醒來。我住在一間舒適的愛彼迎（Airbnb）民宿，在那幾天的夜晚，我都把那兒當作自己的家，但那一天我是驚醒的，我遇上了那個地區收垃圾的日子，而收垃圾的過程並不輕柔。波特蘭是精簡衣櫃巡迴演講（Tiny Wardrobe Tour）的其中一站，我一共要在三十三座城市跟大家聊聊簡單生活與精簡穿搭的主題。前一夜，和善又體貼的聽眾前來聽我的演講，座無虛席。我分享了自己的故事，回答問題，鼓勵每個人放手。有時候，我會忘記不是每個人隨時都能輕易放手。有的人沒有依戀的問題。他們可以輕鬆放手。但是我跟多數人一樣，沒辦法自然而然地放手，必須經過練習，而一開始還可能很痛苦。那天清晨，我聽著塑膠垃圾桶被拖行過波特蘭的柏油路面，想起了放手所發出的聲音。

在空氣制動器的尖銳聲響與嘶鳴下，巨大的機械爪抓住垃圾桶，玻璃與塑膠嘩啦啦地從一個容器掉落到另一個容器內，我的眼皮便咻地張開。金屬與機械的哐啷聲、柴油引擎的低鳴、液壓系統的呼呼聲鑽進我的耳朵與思緒。撕扯、碰撞的噪音讓我想起了放手，但那不是放手的聲音。我聽見的可怕刺耳聲響是恐懼與依戀的聲音，是抓得太緊的聲音。放手或許很難，但是請想一想，緊抓著不放其實更辛苦。你得每天都緊緊抓著，而且不只是抓住身外之物。**你緊抓住的是害怕自己東西不夠多的恐懼、照顧每一件事物的壓力、錢花得太兇的罪惡感、因囤積沒在用的物品所萌生的愧疚感**。這一切你緊抓不放的事物都是噪音——有時還震耳欲聾。

垃圾車終於離去之後，清晨歸於寧靜，我記起了真正的放手之聲：我在開始鏟除雜亂與放手時聽見的聲音，我們家空蕩蕩的房間裡的聲音，走進我們小而美的新家的聲音，債務歸零的聲音，不必一早起床就面對壓力的輕盈聲音，週一早晨散步的聲音，而不是週一早晨開會的聲音。這些才是放手的聲音。

放手的聲音不是吵醒我的尖銳穿腦魔音，而是在破曉之前便迎接嶄新的一天降臨的聲音，是那個在星星閃爍時隱約可以聽聞的聲音。

**平靜、祥和、解脫、喜悅……才是放手的聲音**。

第十八章

# 貼心練習：將雙手貼放在心房上

眞高興要回來討論我們的貼心練習了。第一部曲已爲我們打下了基礎，現在我們要再深入一點點。不要只想著要坐久一點，或是問更多有意義的問題，**第一要務是持之以恆，要日日操練，即使只做幾分鐘也好**。

## 將雙手貼放在心房上

我要邀請各位加入我的行列，建立自己的貼心練習。本書每一部曲的結尾，我都會邀請你靜靜坐著，開始汲取自己的靈魂精簡之道。請你每天一邊閱讀本書，一邊投入一點點心力，開始灌溉自己的貼心練習。如果你準備就緒，我們現在就開始，或是等你準備妥當，再回到這一章。

挑選一個你每天都可以獨自靜靜坐著幾分鐘的時段。你不必刻意做什麼前置作業，點一支蠟燭、備妥紙筆放在身邊來記錄你浮現的想法，或許能協助你進入狀況。坐在地上、椅子上、床上，任何你覺得舒服的地方都行，深呼吸幾次來讓自己安靜下來，要知道，**打造聆聽心聲的空間至關重要**。

在靜默中或在輕柔的樂音中做練習。做幾次鼻吸口吐的呼吸來滌淨思緒，閉上眼睛，或是視線往下，繼續觀照自己的呼吸。

接下來，將一隻手貼放在心房上，再將另一隻手疊放到那隻手上。感受自己的心跳。感受心與手的暖意。現在，持續將部分的注意力去觀照你的吐納，一邊感受暖意，開始與心對話。

## 創造空間的建議提問

**這件東西對我真的很重要嗎**？如果放手像要你的命，問問你的心爲什麼。問問那件東西是否重要，問問你眞正緊抓不放的是什麼？

**這是愛嗎**？如果你考慮添購新的東西、打算投入新的計畫或其他的承諾，先捫心自問。這可以滋養我生活裡的愛嗎？包括我愛的人、我愛的工作、我愛的嗜好嗎？這可以灌溉我想要的生活、促進我的健康、讓我更能善待別人嗎？關於你的東西、你的感受、你的工作、一場宿怨……把一切都問問你的心。如果答案不清不楚，就等答案變得明確以後，再換下一道問題。

**消除雜亂以後，我是否更平靜了呢**？留意創造空間帶來的益處。你感受到的混亂是否下降了？你家是否更像生活的空間，比較不像儲藏室了？

**我騰出空間的目的是什麼**？腦力激盪一下，以更好的方式品味那些空間，以免你面對雜物清除後出現的空間，又萌生想要填滿空間的心理需求。

將你的雙手貼在心房上，向心提問。記住，你的心是萬事通，它會協助你騰出空間來容納最重要的事物。

# 創造空間的行動步驟

以任何順序來執行以下的清單，一次做一件事就好。這不是待辦清單，也不是比賽。把每一項行動都視爲一份邀請，希望你能夠更了解放手與緊抓不放的差距，開始創造空間。

**揪出你的迷思**。重新檢視第九章關於擁有的迷思。你可以揪出自己的模式或習慣嗎？一旦知道自己持有物品的動機，便可以依據實際的資訊作出選擇，決定要如何前進。

**辨識你的痛苦**。你在麻痺什麼痛苦？答案可能一清二楚，也可能模模糊糊，無論是什麼，都很值得探索。等你找出答案，便別再麻痺你的痛苦了，你可以照顧那份痛苦，找到超越它的辦法。

**照顧自己**。把購物換成照顧自己。列出可以振奮你的事物（別把物品列進去）。當你想要逛街或是給自己其他形式的藥方，先看看你的自我照顧事項清單。

**暫停購物一段時間**。在未來三十天裡，除了必需品，暫停購買其他東西。把你打算買或考慮買的東西統統寫下來，附上價格。在三十天結束後，統計你省下多少錢。問問自己：

- 在清單上的東西裡，我對哪一件物品的購買欲跟當初一樣強烈？
- 要是有人按照我這一份僞購物清單的總金額，給了我一筆現金，我會拿去買回清單上的全部東西，還是會用在別處？
- 退還商品。如果你最近買了某樣東西卻沒在用，發現自己沒那麼喜歡、或懊惱自己不該買，就退還給商家。

**捨棄昂貴的物品**。你因爲東西很貴或是曾辛辛苦苦付出高昂的代價，而留著某些什麼東西嗎？放手吧，你付出的代價夠高了。

**清除一切無關緊要的物品**。播放愉快的音樂，拿一口箱子或袋子，在家裡走一圈，把你很少注意到或不在乎的東西都裝進去。

**藏東西**。與家人同樂，把你考慮捨棄的東西藏起來。不要跟家人透露你藏了什麼，只要裝箱，收到你們看不到的地方六十天。如果沒人察覺異狀，再將東西放回原位，跟全家人說你考慮捐贈或販賣那件東西。

**讓罪惡感流轉而去**。既然你對物品懷抱著愧疚之類的負面情緒，乾脆就當作那些情緒都附著在東西上吧。當你清掉了這些物品，罪惡感也就一併離開了。

**儲蓄三萬元**。如果你還沒有撥出一筆應急的基金，就從三萬元起步。有了這筆錢，當你遭逢了突發意外與緊急事件，你可以多一分優雅，少一分壓力。等到你的債務完全歸零，便按照大衛・藍西的建議，一點一滴地提高你的應急基金。

**重寫你對成功的定義**。關於怎樣才算成功，忘掉世界灌輸給你的概念吧，連你給自己的說法也統統放下。給成功下一個新的定義，改寫你的故事。

**讓精簡生活的勵志事蹟環繞著你**。進行重大變革的時候，比如清除身外之物及償還債務，你生活圈裡的那些人未必可以體諒你的苦心，無法給你足夠的支持。跟那些會分享自身心得與故事的作者及部落客連結，讓他們激勵你、維持你的動力。參考：bemorewithless.com/soulful-simplicity-resources 上的建議。

**分享你的故事**。你激勵人心的力量不會輸給當初啟發了你的部落客或作者，也不輸給鼓勵你改變人生的人。不論是在跟朋友喝咖啡的時候聊自己的故事，或是開始撰寫部落格，盡情分享就對了。你的經歷彌足珍貴。

**主持一場屬於你的「一切從簡高峰會」**。按照第十四章的建議，安排跟配偶、家人、自己坐下來談談的時間，開始共同創造你們的生活。多多提出「要是我們〇〇的話，一定很瘋狂吧？」的問句。

**帶我去看你的衣櫃**。挪出一天的空檔，以第十五章的步驟徹底清理衣櫃，考慮來一次「333 精簡穿搭計畫」，在三個月內最多穿戴三十三件單品的挑戰活動。拍攝在整理前／整理後的衣櫃照片，張貼到 Instagram 社交平臺上，加上 #project333 的標籤，並且標註我 @bemorewithless，我才能循線找上門，好好地讚嘆你的進展與勇氣。

**考慮換一個較小的住處**。如果你沒有那麼多要照顧的東西，會如何運用時間？敞開心胸，試試換住小一點的房子，就會知道箇中益處。

**聆聽你的心**。既然你累積了一些貼心練習的經驗，可能會開始在日常生活中注意到一些細微的訊息。保持心胸開放，持續練習貼心靜坐。

第三部曲

# 創造時間：抵制忙碌

事事都想顧全，
只會事事都不能樂在其中。

我以前總是「超忙」或「忙瘋了」，或是我們常掛在嘴上的：「我很好，只是很忙」——那就是昔日的我。我以為忙東忙西表示我很重要、有人需要我，表示我罩得住全世界的事。然而我面面俱到的本領，其實不甚了了。我會犯錯，犧牲健康，還冷落了我這輩子真心在乎的人事物。我關心的是自己忙不忙，至於事情有沒有做完倒還在其次。忙碌在我心目中的地位，超越了健康的飲食、睡眠、用心。我要照顧的事情實在太多了，跟人說話的時候便很難全程保持專注，常常分神去想待辦清單上的事項。每天晚上，在我進入夢鄉之前，我會在心裡回顧一下待辦事項，盯著牆壁，便彷彿看得見那一份清單。記得在數不清的日子裡，團團轉個不停的忙碌讓我疲憊不堪，偏偏又沒做出什麼成績，拿不出功勞來證明我付出過的苦勞。當我醒悟到時間要用在哪裡是自己的決定，而忙到不可開交或許不是最善用時間的方法。這份醒悟也猶如一記當頭棒喝，因為一直以來我以為保持忙碌是應該的。我以為忙碌是成功的要素之一，不是只有我抱持這種想法。

《安息日》（暫譯，*Sabbath*）作者韋恩．穆勒（Wayne Muller）說：「我們沒空理睬親友，擠不出欣賞夕陽的時間（甚至日落西山了都渾然不覺），咻咻咻地完成我們的義務，連好好喘口氣的餘裕都沒有，而這樣的生活模式已經變成我們認知中的成功人生。」我以爲自己應該馬不停蹄地奔波。而看看周遭的人，每一位我認知中的成功人士也都在卯足全勁地奔波，越忙的人腳步就越快，彷彿只要加緊腳步，便能完成更多事情。可惜，做事的速度並沒有反映在工作品質上，做完的事情其實也沒有比較多。我們越是匆匆忙忙，出的差錯就越多，人也越累。我曾經在餐飲業服務，我記得不管自己在哪一間店面，只要客人越多，每個員工的步伐就越快。話說回來，現在我以客人的身分上館子，看到店裡越是門庭若市，服務生的動作就越快，但他們做完的事也沒比較多。他們反倒更常忘東忘西，弄錯客人點的餐飲，在慌慌張張的狀態下，對客人一點都不殷勤。這種現象在餐飲業、旅遊業、旅館業、公共運輸業最明顯，但也隨處可見。在清除雜物、結清債務之後，我的空閒就變多了，而且機警地保護自己的時間。**我捍衛時間不是為了提高生產力，做完更多事。我維護時間是為了重拾人生**。如此過了一段時間，我拒絕別人不是因爲我太忙，我拒絕別人是因爲我再也不要忙碌不堪了。

爲了把我樂在其中的事情發展成自己的事業，我建立了一套晨間的例行流程，選擇悠哉，停止匆忙，學會了如何創造時間。那不只是拒絕別人來騰出時間，也是在日常生活裡更專注在當下，懷抱更明確的目標，進而讓時鐘慢下來。我日漸體認到時間的可貴，知道以後千萬不能再選擇十萬火急地度過時間了。俗話說：「一天很漫長，一年卻很短暫。」這句話真是深得我心。我決心不再許願時間早點結束或浪費時光，而是開始全心投入眼前的時刻。

如果你曾經夢想每天可以多幾個鐘頭，或是每週多出幾天，或是想找出欣賞夕陽的時間，我們要在這一部曲討論如何創造時間，讓你實現這些夢想。

第十九章

# 良好的晨間慣例

我以前的晨間慣例大致是這樣的：「貪睡鈕、貪睡鈕、貪睡鈕、啊，慘了，快要來不及了、咖啡、沖澡、把小孩塞進車子、在半夢半醒之間面臨遲到，手忙腳亂地展開一日的行程。」與其說那是慣例，不如說是壞習慣。上了瑜伽課以後，我希望即使遇到沒課的日子，照樣有上課日帶給我的感覺，因而開始每天早晨都練一下瑜伽，做個大約五分鐘，即使只做這麼一點點的瑜伽，也可以稍微提振我的精神。記得在我們夫妻認眞清償債務的時候，大衛．藍西建議我們先撥出三萬元作爲應急的基金，而不是趕緊拿這筆錢去還債，我還嗤之以鼻呢。**專注在行為之上，別斤斤計較**。如果你覺得自己的生活都那麼忙了，哪裡還能額外做別的事，就專注在行爲之上。這會改善你的生活。每天早晨都先抽出時間，執行優質的晨間慣例，可以協助你在這一整天裡騰出更多的時間。乍聽之下，這很不符合直覺的判斷，卻真的有效。

當我決定把按一次貪睡鈕的五分鐘拿來做瑜伽，操練瑜伽課教過的東西，我的晨間慣例便漸漸成形了。起初，我只擠得出五分鐘。那五分鐘大幅改變了我面對一整天的態度，於是我決定再增加五分鐘。之後，我並沒有把瑜伽練習延長到十分鐘以上，而是騰出五分鐘來書寫，後來又加進五分鐘的冥想時間。幾週後，我取消了所有的貪睡鈕時間，改成每天早晨固定抽出三十分鐘來書寫、瑜伽、冥想。這是對我意義重大的晨間慣例。我在其餘時間的生活仍然雞飛狗跳，但憑著那三十分鐘的力量，我便比較能夠應付那些亂象。平時諸事纏身的時候，我不再是過度反應或焦慮，而是去重溫我的晨間慣例。我的精神變好，處理事情的時候更能好好打算、也更加用心。不僅如此，我開始期待起每天早晨的那三十分鐘。

**在我檢查電郵信箱、為女兒做早餐或回應任何人的需求之前，我會先滋養自己。**

## 習慣堆疊（Habit Stacking）

如果你想要建立正向的晨間例行公事，推薦你採用**習慣堆疊法**。慢慢堆疊你的慣例，一個習慣、一個習慣地堆疊，一分鐘、一分鐘地堆疊。你八成已經在堆疊習慣了，只是你渾然不覺。也許你習慣在起床後去淋浴，用洗髮精再用潤絲精、吹乾頭髮，接著換好衣服，其實這就是在堆疊習慣。或許你堆疊出來的夜間慣例是刷牙、洗臉、在睡前看一下書。你大概知道自己在日常生活中，堆疊出哪幾組的慣例。**我非常相信一次建立一項習慣的力量，但透過習慣堆疊的方式，你會有同時建立好幾個習慣的動力。每一個習慣都會誘發並支持下一個習慣。**

將你的晨間慣例視爲一小堆的習慣。從一個習慣開始，慢慢堆疊。如果你對習慣的態度是「做好做滿，不然就算了」，要你慢慢堆疊習慣一定像要你的命，還是要請你盡力去做。以前我想改變習慣的時候都是大刀闊斧，但直到我放慢速度，更用心地灌溉習慣，習慣才開始定型。以龜速建立習慣的靈感主要是李奧．巴伯塔的點子，也就是《禪習慣》(*Zen Habits*) 部落格的創立人。他宣揚緩慢而穩定的改變。在此舉個例子，他建議想要養成習慣、開始用牙線清潔牙齒的人這樣做：「從只用牙線清理一顆牙齒開始建立習慣。你只要三兩下就完工了，所以你不能說難度太高，也不能說你時間不夠。這麼做或許是有點誇張，反正照辦就是了。到了第二天，用牙線清理兩顆牙齒。每一到三天增加一顆牙齒，直到你用牙線清理全口的牙齒。當然，一開始，你無法得到用牙線清理全部牙齒的益處，但重點不是收割全部的好處，而是建立可以持久的習慣。」

從下文挑出一份爲期七週的慢速習慣堆疊計畫，來建立你的晨間慣例。

## 兩項活動的習慣養成計畫

**第一週：**
兩項活動各做五分鐘。合計十分鐘。

**第二週：**
兩項活動各做六分鐘。合計十二分鐘。

**第三週：**
兩項活動各做七分鐘。合計十四分鐘。

**第四週：**
兩項活動各做八分鐘。合計十六分鐘。

**第五週：**

兩項活動各做十分鐘。合計二十分鐘。

**第六週：**

兩項活動各做十二分鐘。合計二十四分鐘。

**第七週：**

兩項活動各做十五分鐘。合計三十分鐘。

三項活動的習慣養成計畫

**第一週：**

三項活動各做五分鐘。合計十分鐘。

**第二週：**

三項活動各做五分鐘。合計十五分鐘。

**第三週：**

三項活動各做六分鐘。合計十八分鐘。

**第四週：**三項活動各做七分鐘。合計二十一分鐘。

**第五週：**三項活動各做八分鐘。合計二十四分鐘。

**第六週：**三項活動各做九分鐘。合計二十七分鐘。

**第七週：**三項活動各做十分鐘。合計三十分鐘。

慢速的累積協助你逐漸適應，長久維持新的慣例。等你在生活中騰出的時間變多以後，或許你會想要擴展你的晨間慣例。由於現在的我擁有更多的餘裕，所以我的晨間慣例可以長達三小時。我按照季節調整晨間慣例，慣例內容可能包括瑜伽、寫作、散步、冥想、閱讀、貼心練習。**你的目標並不是成為史上最擅長制定晨間慣例的人，而是要投入可以滋養你的活動，注意到自己的健康、快樂、良善、志氣都提升了。**憑著你懷抱的意圖與目標，一分鐘又一分鐘、一天又一天地建立一個又一個的習慣，享受你的生活吧。

## 可能會在半途中遇到的障礙

大多數秉持良善初衷建立新習慣的人，會面臨抗拒、分心的議題與出乎意料的障礙。這是建立習慣的一部分過程。每回什麼狀況打亂了你的習慣，你不是繳械投降，就是選擇重頭來過。這個蓄意的選擇代表了你的爲人，也代表了你未來會如何抉擇。你未來的走向不是取決於你一時的行爲，而是你的反應。以下是幾個你可能遇到的障礙，外加破除障礙的建議：

### 1 你按下貪睡鈕，沒有早早起床。

優先完成你的晨間慣例很重要，但假如你偶爾需要晚一點再開始，那也無妨。只是別把睡過頭當作藉口，全面取消那一天份的習慣堆疊。

## 2 你生病了，沒有實踐晨間慣例的心情。

如果你一天沒做，隔天若無其事地繼續做就好了。如果你在最初的兩週連續幾天沒做，就重新來過。從頭開始建立你的晨間慣例。即使沒有實際執行，在心中將晨間慣例的流程跑一遍也不無小補。依據趕時間科學教室（AsapScience）的說法：「從神經科學的角度，不論是想像一樁行動或是實際執行，都會在大腦啓動相同的運動程式及感覺程式。由於想像與行動其實互爲表裡，都會啓動相同的神經路徑，因此操練其中一種實際上可以促進另一種。」在他們分享的研究中，有兩組人每天練習兩小時鋼琴，但其中一組只在心裡練琴，因爲他們沒有鋼琴。兩組人的大腦都出現相似的變化，更驚人的是，到了三天後，兩組人在彈奏時的準確度是一樣的。與其徹底放下你的晨間慣例，趁著養病的時候在腦海中照表操課吧。

## 3 孩子生病沒去上學，或是你一早就得去赴約。

不要索性取消晨間慣例，可以改做簡化版本。到你操練的地方，好好看一看這個空間，肯定晨間慣例的重要性。即使是這麼簡單的行動，也會讓你不偏離正軌，與你的晨間慣例保持連結。

## 4 出門在外。

出門在外的時候，你可能必須適應新的時間表和空間。不論你人在哪裡，都要重建你的晨間慣例，把這當作是一場冒險。你得找到操練的新空間，如果你在旅程中需要以不同的活動來滋養自己，就敞開心胸，把那些活動納入你的慣例。即使你操練的時間比較短，或是你操練的項目跟平常的慣例有出入，在能力範圍內騰出時間和空間來演練，都有助於你維持晨間的例行公事。

## 5 你找不到安靜的地方。

如果你跟家人一同出遊，很難找到操練晨間慣例的地方，就請家人幫忙。向家人說明你的晨間慣例，並解釋爲什麼晨間慣例對你很重要，請他們騰出你需要的時間和空間。讓他們知道如果可以操練正向的晨間慣例，你便會是更稱職的妻子／丈夫／媽媽／爸爸／子女。或許你還可以啓發家人，讓他們開始建立各自的晨間慣例。

### 6 你眼前的這一天將會忙碌不堪。

我很清楚晨間慣例的威力，但有時遇到事情特別繁重的日子，我會跳過晨間慣例。每回我出此下策，一頭栽進工作或是先處理其他的急事，我的專注力、創造力、生產力或善待別人的能力都會下降，輸給我抽出幾分鐘來端正心念的時候。

**從晨間慣例展開一天的生活，永遠值回票價。如果你起床的第一件事就是給足自己最需要的照顧，你便比較不會焦慮，注意力會更集中。**

## 以愉快的紀律面對你的新慣例及習慣

「紀律」一詞有時會給人負面的聯想，但等你體驗到晨間慣例或其他健康習慣的好處，你會在紀律中找到喜悅，開始把保持紀律當成一份禮物，而不是酷刑。

如果你覺得建立晨間慣例很困難，或是覺得持之以恆很吃力，以愉快的紀律來面對晨間慣例，不要抱持百無聊賴或犧牲的態度。

底下的建議可以輔助你建立愉快的紀律：

## 1 審慎選擇慣例

你納入慣例的各種習慣和活動，必須可以照顧你的長期健康與工作表現，但也要能夠給你立即的效益。例如，飲用蔬果思慕昔可以提高你攝取的蔬果量，但再加進薑的話，則可以讓你一整天更有勁，在大清早就露出笑容。

## 2 順應爆增的事務

萬一突如其來的事情打亂了你的行程，如果沒有愉快的紀律，你可能會感到厭煩或挫敗。要有遇到突發事件的心理準備，在必要的時候放手。

## 3 精神不濟時不硬撐

你建立的慣例，可能是為精神飽滿、注意力集中時的你量身打造的。如果你在前一夜輾轉反側，或在假寐了八小時以後，沒有執行慣例所需的意志力，不要硬撐，調整自己的心態，讓步，少做一點。

## 4 調整慣例

觀察你的慣例對你的效果。你覺得自己更健康、更快樂、更和善嗎？還是壓力沉重，精疲力竭？如果執行了一陣子以後，你的慣例沒有促進你的身心安康，沒能讓你更善待身邊的每個人，就修改你的慣例。

## 5 捍衛慣例

遇到突如其來的事件和精神不濟的狀況，你也可以捍衛自己的慣例，拒絕別人或改變你的行程安排，給自己成長、茁壯、療傷止痛所需要的空間。

## 6 微笑面對

如果你的慣例包括在大清早去上健身房，而你在五點鐘的時候卻是皺著眉頭按掉鬧鐘，那麼就致力在你醒來後綻放笑容。在你下床之前伸展一下身體，面帶微笑。別想著你多麼渴望賴床，記住自己是運氣夠好，才會擁有起床運動的機會。一開始你可能覺得很勉強，但是幾天以後，你的笑容便會開始反轉你的態度。

## 7 呼朋引伴

把別人納入你的慣例。我喜歡抽出時間來靜靜創作，因此我很了解呼朋引伴的難度。安排時間，打電話給可以振奮你心情的人，或是邀請朋友來個一週一次的散步。即使你整天都在跟人打交道，刻意把能幫你一把的人拉入你的慣例中，可以給你莫大的助益。

## 8 輪流執行

如果你擔心一成不變會很無趣，就建立兩、三套慣例，在一週的生活裡交替進行。

## 9 打破慣例

一週安排一天的空檔，一早醒來就沒有排定計畫或待辦事項。這一天很適合關掉電腦，摘掉智能運動手錶，偶爾讓生活自然開展，記住這美好的感覺。

## 10 莫忘初衷

建立慣例的時候，用幾句話寫下精心安排一日流程的初衷。當你沒有堅持下去的動力時，看看自己當初寫下的話，激勵自己即使不情願，也要繼續實踐你的慣例。

第二十章

# 1:11

我曾經讀過一位媽媽級職業婦女的故事，她非常嚴格地控管時間，即使是設定微波爐的時間，也總是輸入 1:11 或 2:22 或 3:33，因爲她察覺同一個數字連按三次比較省時。我想用不著懷疑，這位媽媽級的職業婦女絕對是日理萬機，行程滿到破表。但她爭取到多少時間？與其從微波爐午餐榨出幾秒鐘，不如從待辦清單上刪除一件不痛不癢的事，或是請人協助她的工作，她還比較能鬆一口氣。**當我們只想顧全每一件事，而不是為重要的事物騰出時間，我們便會看不見如何營造有意義的人生。**我們沒有全然沉浸在眼前的恩賜之中，反而把每一天塞得滿滿的，過著照應一切事物的人生。凡事都要顧全的結果，就是做任何事都不可能樂在其中。

十年前的我，一定會效法 1:11 的招數，因爲我決心要做到所有的事。我沒有選擇少做一點，反而追求提升效率的方法，以爲那樣就可以多做一點。比如維持收支平衡，這成了我的壞習慣。我來者不拒，不斷攬下更多事情，一直在苦苦追趕進度。我從自己完成的事來決定自己是誰。如果你曾經把待辦清單或行事曆當成一份成績單，來給自己的個人價值打分數，你就懂我的意思。記得在許多個夜晚裡，我在一日終了的時候跟先生較勁，比較兩人的清單。他會問：「妳今天過得怎麼樣？」而我的回答大致上是：「很忙，我做了這個、那個、還有那個。」我會列出自己洋洋灑灑的功績。要是他的清單比較長，我便會記起自己忘了提的幾件事，添加到自己的清單上。永遠都能擠出更多事。

如果我們待辦清單上有做完打勾勾的事情不夠多，而電子信箱裡的信件距離全部已讀還有十萬八千里遠，我們會覺得自己不夠盡力，因此是我們不夠好。我必須提醒自己，沒人在乎我的待辦清單上有些什麼事，或我有多忙，甚至是我昨天辦完了多少事。**我所做的事，不能跟我這個人劃上等號。**

**當你有包山包海的事，你有三個選擇：**

- **為你的大小事情擔心，埋怨你忙瘋了**。繼續承攬更多事情，直到你精力耗盡、崩潰爲止，或是你不知怎地終於做完所有的事，然後氣力耗盡、崩潰。
- **移除一部分的事情，騰出處理重要事項的空間**。
- **正視自己已有滿手的事情，回絕其餘的事情**。讓自己可以好好投入眼前的事務，並且樂在其中。

眞正的情誼不會是來自跟別人較勁清單，看看誰的事情最多，而是分享彼此的心。不要用自己做完多少事情來掂自己的斤兩，讓我們從自己的待人處世、投入的程度來評量自己。讓我們把自己的心性當成評量的標準，少拿我們清單上的事項來審視自己。

第二十一章

# 抵制忙碌

我曾經是一個精品雜誌集團的區域行銷總監，我以為隨時待命是職責所在。我不停檢查電郵信箱。手機永遠開著，收到客戶和同事的洽詢，便在幾分鐘或幾秒鐘之內回覆。這樣我還嫌不夠。我要做得更好、更快、更多。在那種急如星火、無論如何都要搞定一切的日子裡，我曾經研究要如何在車上架設一間辦公室。我想跟警察一樣，在儀表板上安裝一部筆記型電腦，這樣就可以趁著等紅燈的空檔，用筆電回覆郵件，工作效率想必會遙遙領先手機。更好、更快、更多。

## 一個尋常的早晨

我還沒睜開眼皮，便感覺到滿室的陽光。我翻個身，伸展身體，眼睛依舊閉著。我笑著思忖起眼前的這一天。我沒有預定的行程，也沒有要履行的責任。這是一個夏日清晨，才剛剛六點，而這一整天都屬於我一個人。我思付著要如何享受陽光與我創造出來的時間和空間，還有我要如何品味清早的時光。我慢慢清醒過來，下床，刷牙，喝杯水。前一天累積的思緒已在腦子裡駐留了一夜，像一道疤痕組織，我捲起身子，將那些思緒化爲幾頁的文字，寫在筆記本上。書寫協助我爬梳思緒，放下盤踞在腦海的想法與情緒，讓大腦停止忙碌。寫完後，我靜靜坐著冥想十五分鐘，喝杯熱茶，在陽光下散步，走了長長的路。這不是燃燒脂肪的散步。我不時停下來欣賞美麗的事物與景色。有一次，我甚至停下腳步，閉上眼睛，然後仰望太陽。我感受到陽光灑落在臉上的熱度，默默祝禱：「願光與優雅注滿了我，讓我精力充沛。愛我。」

很美好的早晨，對嗎？如果你正在點頭表示認同，謝謝你。你眞好心，比我以前強多了。假如你早個幾年跟我說，當我沉溺在自己對忙碌的癮頭時，你卻把清早的時間拿來在陽光中祈禱，我會立馬回你一個白眼，心想：「小姐，去找個工作吧。」我會假裝生氣，但實際上卻在嫉妒。我好想要悠哉的早晨，問題是我太忙了。於是，我會起床、灌完咖啡、趕女兒出門、再趕去上班。我一邊埋怨自己分身乏術，同時又因為奔波忙碌而情緒高亢。**我對忙碌上癮了**。

有一回在忙得團團轉的一天午後，我開始重新思考自己對忙碌的癮頭。那一天，我開車接放學的女兒回家。我在高速公路上飛馳，手機夾在耳朵上，而女兒在跟我聊她一整天的發生的事。我實在很不想承認，但女兒很習慣在我做其他事情的時候跟我說話。我知道她在對我說話，我也很想好好地聆聽，因此我不時點點頭、轉頭看她，有時還以一、兩個字的簡短句子回應她。這已經是我的極限了，因為我忙著回覆客戶的洽詢、在手機上按電話號碼……同時開著車。

到家後，我將車子駛進車庫，看著女兒下車，注視她揹著背包慢慢走到家門。我赫然察覺，我幾乎想不起我們剛剛的對話內容，更別提我們返家的車程。我沉浸在忙碌中，心有旁騖地開車回家是在拿我們的性命開玩笑，還錯過了跟孩子連繫情感的寶貴機會。我想給孩子更好的生活，卻連關注一下她都不肯。我想到了自己這樣度過的那麼多個午後、那麼多通的電話、那麼多錯失的時刻，眼眶不禁噙滿了淚水。

我進一步思考，醒悟到去學校接女兒回家，跟全心陪伴她是截然不同的兩回事。也不是一起坐在車上就算有陪伴她。手機儼然是我身體的一部分。手機永遠在我身邊，是優先要務。我以爲讓自己忙得不可開交是迫於職責，迫於生計，迫於每個人都指望我做得更多。**我不知道那是自己的選擇**。我沒有意識到是自己選擇了那種生活，把生活打造成那個樣子。《脆弱的力量》(*Daring Greatly: How the Courage to Be Vulnerable Transforms the Way We Live, Love, Parent, and Lead*) 作者布芮尼．布朗在《華盛頓郵報》的訪談說過：「我們期許自己做到的事，跟我們期許自己拿出的表現，都超過了人力所及。」我追求的目標是把事情統統做完，不在乎自己做得好不好。

在我們驅車返家後的第二天，我忖度起自己如何冷落女兒，把手機放第一。我誓言以後不要再錯失連繫情感的機會，禁止自己在車上用手機。我決定要全心全意地關照我愛的人，就從女兒開始。就在那一天，我在不知不覺間開始抵制忙碌。你猜結果怎麼樣？我的客戶沒有注意到。我的老闆沒有注意到。我的業績上揚，最重要的是女兒成了我的優先要務，而且不是只在腦子裡想著她最重要，我也在行動上把她放在第一順位。

# 抵制忙碌：協助你放慢腳步的二十一天大挑戰

忙碌已經變得比雜物更無孔不入，在我們的生活裡作亂。我們多的是對付雜物的策略，但我們該拿忙碌的生活怎麼辦？我要建議各位抵制忙碌。你或許覺得自己現在哪裡擠得出響應革命的閒暇，但如果你曾經希望有空去追求有意義的生命，現在就是起義的恰當時機。

試試下文的二十一天挑戰，一共三個簡單的步驟，每個步驟做七天。

## 1 停止把忙碌掛在嘴上。（第一至七天）

行行好，大家別再互相傾吐自己有多忙了。或許，如果我們可以在聊天的時候實際移除「忙」這個字眼，便不會老是想著忙碌。當你跟別人說自己很忙，你會同時想著自己很忙。結果，雖然你實際上沒那麼忙，感覺上卻忙得不得了。不僅如此，當別人聽到你說「我忙死了」，他們收到的訊息常常是「我忙到沒空理你。」

在接下來的七天，說話時禁止使用「忙」這個字眼。這可能比你想像中更困難。當你話說到一半，逮到自己又要把「忙」字說出口，就趁著這個機會換個回覆的說詞和話題。

**要訣**：拋出更好的問題，就可以避免聽到對方說出「忙」字。不要問「你好嗎？」改問：「今天發生了什麼讓你露出笑容的事嗎？」我女兒常常問：「妳今天有沒有遇到什麼好玩的事？」改變問題和話題，便可以開啓聯絡感情的空間。

## 2 少做一點。（第八至十四天）

與其追尋怎樣做才能提高搞定一切的效率，不如少做一點。**拒絕別人，保護好你的時間，把時間留給對你最重要的事物**。跟那些要你拿出最佳表現的人合作，別跟要你忙到最高點的人窮攪和。不再跟別人比較你們的清單、你們的生活、你們的愛。在接下來的七天，每天都從你的行事曆或待辦清單剔除一件事。不是延期，是放手。如果你真的很擔心自己會對那件事情戀戀不捨，就寫下來，裝進信封裡。如果在一週終了，你並不掛念那件事，或者你根本不記得自己寫下了什麼事，扔掉信封。

**要訣**：認清自己的能力。你最擅長什麼？有什麼可以交給別人代勞的事情嗎？有可以完全放手的事嗎？

## 3 優哉游哉久一點。（第十五至二十一天）

忙碌的生活會說：「動作快一點！你進度落後了。多做一點。」悠緩的生活會說：「現在可以停嘍。你可以靜靜地傾聽靈魂的聲音，或是在暖洋洋的陽光裡停下腳步來祈禱。」照顧自己並不罪惡，優哉游哉或溫呑呑地起床也不可恥。

放慢步調可以協助你堅定意志，去創造新的時間和空間並好好保護。細細品味優質的飲食、對話與美景。戀愛。微笑。呼吸。然後，再一次陷入愛戀。

**要訣**：甩開罪惡感。別以爲忙碌的反面是懶惰，把忙碌生活的反面想成是充實而用心的生活。

如果忙碌損害了你的健康、感情或工作，如果忙碌令你的靈魂沉默無聲，那就採取行動，抵制忙碌。由於瓜分我們時間的事情變多，外加現代科技日新月異，而且我們想要受到矚目、想要功成名就、想要舉足輕重，於是我們壓力更大，必須在更窘迫的狀態下做完更多事。倒不如加入我的行列，抵制忙碌，少做一點事，活得充實一點。

第二十二章

# 建立以靈魂為核心的工作

我做過的每一份工作，最終都把我累垮了。女兒呱呱墜地時，我過著美國夢的生活，因此我整整休假六週。彷彿四十二天便足以讓我成爲母親。記得在那四十二天裡，我曾經在許多個日子裡跟女兒待在家裡，希望時間流逝得慢一些，讓我抱她抱久一點，多嗅聞她頸背的氣味幾分鐘，而看著她成長的時間也久一點點。當我返回工作崗位，把她送去日托中心，我回顧自己在女兒出生之前的恐懼。上完一天班之後，我還會記得女兒長什麼樣子嗎？我可以從日托中心的那一堆寶寶裡面認出自己的孩子嗎？上班時，我覺得自己是壞媽媽，在家時，我覺得自己會因爲必須分心照顧寶寶而丟掉飯碗。我記得自己上班時會衝進洗手間擠奶，一邊擔心同事聽到擠奶的聲音而困窘不已。然後，我會在午休時間趕到日托中心餵女兒。但這麼做根本是腦袋破洞吧？這實在太麻煩了，後來我便讓女兒改吃配方奶。幾天後，她因爲牛奶過敏而冒出蕁麻疹。我簡直鬆了一口氣，總算可以理直氣壯地把餵奶當作第一要務啦。我可以把女兒擺第一，工作放第二，完全不必內疚，也不會被別人指指點點。聲明一下：沒有人在批判我，但我實在太疲憊，才會幻想別人在批判我。

蓓莉兩歲時，我成了單親媽媽，獨自一人拉拔女兒，我想要終結她的日托生涯。我想要陪在她身邊。因此我更努力工作，打算先多賺點錢，以便日後換取更多的自由。然而多＋多＝多的公式又一次辜負了我的期望。我沒有參與她的生活。只在早上和晚上相處是不夠的。幾年後，馬克、蓓莉跟我搬到猶他州，我接受了另一份榨乾靈魂的工作，但是老闆答應我，我每週有幾天的下午時段可以改成在家工作。我想接女兒放學，稍微增加一點每天陪伴她的時間。我的大方向是對的，但把公事帶回家仍然搶走了我的注意力。

我診斷出多發性硬化症的時候，沒有想到自己最後會辭職。其實，爲了向大家證明我安然無恙，起初我反而加碼工作。天曉得以後會冒出多少醫藥費，說不定我還會永久喪失身體機能，這些都令我發愁，此外我也擔心別人會怎麼看待我，所以我努力把工作視爲第一要務——全力以赴，再次證明自己的價值。後來馬克跟著我清償債務，致力減少雜務，清除我們的物品，開始不把別人對我們生活方式的意見當一回事，也不認爲應該讓別人的意見左右我們的決定，這時我開始考慮自己創業。我很清楚自己不想受制於辦公室的空間或當地的企業，而我覺得在部落格分享自己的簡化之旅，說不定會開創出別的機緣。我不確定未來會怎樣，但我興致勃勃，想要試試看再說。在二〇一〇年五月，我的部落格 bemorewithless.com 誕生了。我甚至辦妥了自己的公司登記，這樣才能跟自己說：「我在創業。這是有可能的。」這時我仍然有全職工作，但從事自己眞心在乎的事，讓我比較能夠忍受自己不愛的工作。

## 別被工作同化，選擇可展露你本色的工作

想想以前工作總是令我疲累不堪的原因，實在不能都怪工作不好。我有過一些相當不錯的老闆，我喜歡我的客戶，工作裡也有我樂在其中的份內事。問題的癥結在於我。我被工作同化，沒有選擇可以展現我個人眞實樣貌的工作。我曾

經以爲自己活潑外向。這可讓熟人笑掉了大牙。我以前的老闆兼好友黛安娜知道我不外向。她在大型活動、跟客戶共進午餐時都如魚得水，我卻是可以提前告辭絕不會久待的那一型。但我會去露露臉，裝出快活的模樣，因爲演技太精湛，多數人不曉得我內心的鬱悶。那是很操勞的工作，時常要跟很多人打交道。我以爲自己必須變一個人，才能勝任這個職務，於是我改造自己。我就是作者格倫儂．道爾 (Glennon Doyle) 所說的光彩奪目的人。她說：「你不是光彩奪目，受人欽羨，就是眞實而被愛。」光彩奪目就是沒有做自己。光彩奪目並不持久，而且不舒服，也不重要。被愛的勝算永遠比較高。在職場上，我光彩奪目。我記自己最光彩奪目的時刻，是馬克陪我出席的一場活動，地點在我一位客戶的攝影工作室。那是一場供非營利組織人員互相交流的社交聚會，我一點都不期待。在去那兒的車程裡，我話很少也累壞了。人不舒服的我，就把怨氣出在馬克身上，以不高興的口吻回應他，冷嘲熱諷，自憐自艾。當我們走進攝影工作室的大門，我便切換爲光彩奪目的工作人格，跟人勾肩搭背，湊在一塊兒交流，彷彿玩得很盡興的樣子。我們告辭後，馬克既傷心又困惑地問我：「剛才是怎麼回事？妳不是身體不舒服嗎？」「我總得爲工作全力以赴啊。」我答道。我們沒有再談過這件事，但我確定他在想：「我希望妳會爲我全力以赴。」

既然察覺自己是內向的人，我便比較看得出工作爲何令我疲乏不堪，爲何我時常生病，爲何我會對不去不行的交際活動視如畏途，還有爲何我在每個上班日、每場會議、每次活動之後總是覺得氣力全消。我從未特地抽出時間獨處、爲自己補充能量，或是安撫自己的心。我反而不斷地挺進、證明、試圖壯大起來。永遠都有更多的事必須做到、必須證明，永遠都有更大的目標、更高的靶子要瞄準。

有些書籍鼓吹內向的人做自己，蘇珊・坎恩（Susan Cain）的《安靜，就是力量：內向者如何發揮積極的力量！》（*Quiet: The Power of Introverts in a World That Can't Stop Talking*）便是一例。**我們必須待在心要我們去的地方，才能活得淋漓盡致**，難道不是嗎？我在漫長的歲月裡變成工作的化身，裝出外向的舉止，也是因爲我背棄了自己的界線，忘記自己是誰。我迷失了。我忘記自己是誰，忘記什麼才能讓我充滿活力。不必做性向測驗就能曉得我很內向。我需要一些空間和呼吸的餘裕才能記住自己是誰。我得說：「夠了就是夠了。」我必須靜下來聆聽。

# 耕耘以靈魂為核心的事業

二〇一〇年四月我開始架設部落格，在同年五月發表第一篇文章。就憑著許多類似這樣的小小行動，我一點一滴地建立了以靈魂爲核心的事業，而且這份事業以最出人意表的方式不斷演進。起初我不太曉得要做些什麼，但我很清楚自己想要鼓勵大家簡化生活，進而改善健康，在生活中擁有更豐沛的愛。我招架不住白天正職的壓力，部分是因爲企業文化，但主要是我在簡化生活幾年以後，對自己的工作不再堅信不移。我想開創自己的事業，一份有益於健康、能在生活裡給我更多愛的事業，有彈性的工時，有供我發揮創意的機會，還要有固定的營利模式，我才能回絕那些牴觸我的心與靈魂的廣告提案及其他要求。

我創立部落格的時候，那份耗竭我靈魂的工作依舊是我的正職，但在我爲第一篇文章按下「發布」按鈕的那一刻，我覺得壓力逐漸減輕。十六個月後，我遞出辭呈，成爲全職的創意企業家。放棄穩定的薪水很可怕，但辭職後，當我第一次在起床後帶健力士去湖濱散步，而不是去趕赴另一場週一早晨的會報，那時我便知道一切都値得。最近，有人問我最喜歡這份工作的哪個部分，我說是寫作，但當我思考了一下，我發現這份工作最棒的地方，在於它是以我的靈魂爲中心。我的意思是，我相信自己知道什麼對自己的事業最有益。對於賺錢、快速成長、討好別人，我不會漠視自己所知的眞相。這條路並非總是輕鬆愜意，卻是經營生意最簡單、收穫最大的方法。這代表：**當我的心說不要，我就不會說好。**

以靈魂爲核心的事業帶給我自信，讓我勇於嘗試不曉得是否可行的事情；帶給我覺察，能夠分辨什麼是有益的評論、什麼是負面的論斷；也帶給我力量，懂得判斷放手的時機。以靈魂爲依歸的作法，讓我可以注意到自己的工作量是否超出負荷，或是我的工作方式是否在傷害我的健康以及生活中的愛。當我察覺到這些狀況，我可以迅速改變方向，而不是硬撐到崩潰。

如果我將心與靈魂灌注到我一句又一句的話語、一篇又一篇的文章、一天又一天的生活，那我連結到的人，便會是連結到我眞面目的人。我們是同類，我們志趣相投。我不靠廣告來爭取別人的注目，而是潛心提供有效的解決方法、分享我的故事，與瀏覽我的網站、上我的課、閱讀本書的讀者交心；與各位交流情感的每一刻我都充滿感恩，因爲我知道這對我的工作、我的心、以及我的靈魂都非常重要。就像靈魂的精簡之道一樣，建立以靈魂爲核心的工作，持續靜觀留意什麼對我最重要，釐清要怎樣做，才能把這些最重要的事物變成第一要務。

## 第二十三章

# 溫柔鬥士的終結忙碌宣言

當我開始認清自己重視的事情，採取捍衛這些事情的必要行動，我便不再被忙碌搞得手忙腳亂，搖身一變，成爲溫柔的鬥士。在這個始終要求我們付出更多的社會裡，我保護個人時間的身段很強硬，卻不失柔軟。爲了保護與防衛你的時間，有時你得畫出底線。不過就我的經驗，如果你是以心來畫出底線，便可以笑著堅持立場，甩開做得太少的愧疚，你不是辜負別人的期望，而是很鄭重地在照顧你重視的事物，同時藉此提醒別人，什麼才是他們人生中的重要事物。

我的宣言是沒得商量的行事準則，是我的指路明燈，尤其是在我爲了要不要多做一點而苦惱的時候。

溫柔鬥士的終結忙碌宣言

## 1 當我的心說不要，我就不說好。

大半時候，當別人要給我一個機會或是邀請我做什麼事，我會知道答案。早在我抽出時間思考如何回覆之前，我的心便知道答案。如果我的心說不要，我卻打算答應人家的話，我可以從身體感覺到心口不一的衝突。也許我會咬緊牙關、用力握拳，或者是本來應該輕鬆自在的部位變得緊繃起來。有很多年時間，我忽略了這些內在衝突的外顯訊號，但現在我會留意這些跡象。

**做個溫柔的鬥士。**

守護重要的事物，掛著和善的笑容拒絕對方。不要在你的心說不要的時候答應別人的要求，誠實以對。不必提供一長串的解釋或道歉。更坦率地回絕別人，當你遇到自己眞心重視的人事物時，才有機會說好。（回絕別人的方法詳見第二十六章〈精進說「不」的藝術〉）。

## 2 我要以內心的東西來評量自己，不去看我清單上有些什麼項目。

以前，如果我的待辦清單上有太多未完成的事項，或是我做的事情沒比周遭的人多，我會覺得自己很失敗。如果我生病，窩在家裡什麼都不能做，我會覺得更窩囊。我以爲要是我能夠做得更多、表現更棒、升遷得更快，我就會更快樂、更成功，大家會更愛我。當我慢慢地退後一步，開始思考自己實際上想要如何分配時間，才意識到大家如果喜歡我，不可能是因爲我的成就，只會是因爲我實際上的爲人。當我一心一意想要做得更多，我連自己實際上是怎樣的人都不曉得。

**做個溫柔的鬥士。**以你內心的東西來評量自己，以你待人與待己的方法評量自己。如果你察覺自己爲了沒做的事而低落，提醒自己你是誰，以及你身邊的人有多在乎你。

## 3　我要把愛與健康列為優先要務。

愛與健康對我很重要，但除非我成爲溫柔的鬥士，開始守護並尊重這兩者，打造可以讓愛與健康滋養茁壯的環境，否則這兩者絕不會有壯大的機會。我在從前的人生體驗過愛與健康，但卻跟現在截然不同。以前我可以瞥見這兩者的一鱗半爪，但現在我的生活充滿了愛與健康。

**做個溫柔的鬥士。**

要知道你最在乎的是什麼，當你作決定的時候，捫心自問怎麼做，才能夠與你最重視的事物相輔相成。讓你的優先要務引導你。

## 4 我要開口求助。

我一個人也可以湊和著應付生活，但我可不想獨自面對人生。當我開口求助，讓別人出手相助，事情便改觀了。去年夏天，一位朋友協助我在工作上壯大起來，我向他道謝，他回覆我：「看到妳展翅高飛，我也會開心啊。」這句話提醒了我，向人求助不是只有我得到助力，身邊的每個人也會雨露均沾。我們全都有份。

**做個溫柔的鬥士。**

求助不是軟弱，反倒是堅強的表徵。**求助有助於建立關係。儘管你可以憑一己之力搞定事情，但有幫手的話你會做得更出色，每一回都不例外。**

## 5 我要跟希望我拿出最佳表現的人合作，而不是那些要我忙到最高點的人。

以前我每個週一早晨都要參加一場無趣的會議。我得耗費幾個鐘頭撰寫每週會報，因為與我共事的人想看到我工作很忙的證據。現在我是自己的老闆，我決定自己要如何運用時間、如何發展我的生意，以及和誰共事。

**做個溫柔的鬥士。**

如果你的老闆認為讓員工在工作堆裡忙得團團轉，比把事情做好更重要，而你的職權又不容許你作出大刀闊斧的變革，那就小幅微調吧。你可以建議大家站著開會，或是提出能夠支援整個團隊的議程。挑戰你的同事叫他們一天只檢查幾次電郵信箱，並且在一天裡的某些時段關閉聊天室或通知。在午餐時間出去走一走，不要窩在辦公桌前吃飯。體認到忙碌不是生產力、創造力，也不是愛，並且身體力行。與希望你在工作上拿出最佳表現的人共事，不要跟希望你忙到焦頭爛額的人合作。

如果要求大家開會、寫報告的人就是你，一定要師出有名才提出這些要求。

信任爲你工作的人，鼓勵他們追求最佳的表現，而不是追求忙碌。

## 6 我要拋出更好的問句，以免大家聊起我們有多忙。

我們別再跟人互相傾訴自己有多忙了。這種對話不能讓我們聯繫情感，也不能減輕我們的忙碌。談論忙碌讓人覺得很忙，即使我明明不忙。我不問：「你好嗎？」我會問：「什麼是你今天最美好的事？」或是：「今天有誰或有什麼事讓你露出了笑容？」或是：「這個禮拜有什麼你會記得的事？」

**做個溫柔的鬥士。**

禁用「忙」這個字，換個談論生活的方式，瞧瞧感覺如何。「我忙死了」通常是怨言。當你拉拉雜雜地聊你忙碌的一天，你會翻白眼，聳聳肩膀，不時長吁短嘆。與其如此，以感恩之心談論你的一天。在言談中鎖定你感恩的事，觀察生活將會如何轉變。第二十一章已教你如何更有效地抵制忙碌。

## 7 我不會讓電話主宰生活。

手機的功用是與人連結，但我們的手機功能越多，我們與人的連結似乎就越薄弱。以前我走到哪裡都在用手機，不停地查看手機，甚至在開車的時候。

**做個溫柔的鬥士。**

關閉手機的全部通知。你眞的有必要隨時知道自己收到新的電子郵件或臉書訊息嗎？當你在開車、跟人吃飯、睡覺、做任何最好專心做的事情時，把手機關靜音。試試在某些日子不帶手機，從手機上刪除社群媒體的應用程式。

## 8　我要用「甘願錯過」代替「害怕錯過」。

既然我決心要少做事，就勢必要略去某些事情不做，我不但不怕，反而很高興。我開心自己有選擇，開心自己在保護最重要的事，開心我的身心獲得安康。由於我做的事情變少了，我可以選擇對自己最有意義的事情來做，也有投入這些事情的心力，而且由衷享受自己正在做的事。

**做個溫柔的鬥士。**

害怕錯過，是不夠投入事情的表徵。如果你擔心自己錯過了什麼，你便沒有正視當下的事情中最有意義的部分。放下害怕錯過了什麼的心情，表示你捨棄要追趕別人、跟上別人、比得上別人的心理需求，而開始去連結眼前的事情。有些你做慣了的事情，可能是因爲你覺得自己不做不行或害怕錯過什麼才做的，如果哪一天你由衷期待錯過那些事情，不要訝異。用「甘願錯過」取代「害怕錯過」。

## 9 我要打造獨處的空間。

如果我必須回絕一項邀約來換取獨處的時間，我會選擇回絕對方。如果有必要的話，我會在審愼思考後改期或取消，而不解釋原因。我喜歡跟心愛的人共度時光，一起參與好玩的活動，但我很內向，很需要獨處的時間。沒有獨處的話，我會精疲力盡。沒有靜一靜，我會被壓垮、會鬧彆扭。

**做個溫柔的鬥士。**

內向的人需要獨處，但外向的人也是。保護你的靈魂對靜默、隱遁的需求。

**抽出你需要的時間去僻靜、補充能量，再全心投入這個世界。**

## 10 我要悠哉久一點。

我要欣賞日出與日落。我要慢下來品嚐食物。我要任憑時間帶著我嬉笑感動。我要抽出時間從小地方感受到愛，我要看見別人眼底的喜悅。我要開創滋養創意工作的空間，我知道自己控制不了好點子何時會上門，文思何時會泉湧，而讓事情按照原本注定的方式聚合在一起的魔法，更不是我能策劃的。

**做個溫柔的鬥士。**

不要為了作白日夢、看星星或任何靈魂想做的事情而道歉。散步散個大半天、打個小盹、靜靜坐著。別人可能不尊重慢下來的價值，但你清楚什麼對自己最好。

## 做個溫柔的鬥士，保護你最在乎的事

珍惜並守護你的健康、你愛的人、你心愛的事物、你的生活，訂立你認為不容妥協的行為準則。以溫柔鬥士的心擬訂這份清單，你的努力便不致於變成自私或孤立自己的舉動，反而會讓你處於最佳狀態，拿出你的最佳表現。這些沒得商量的生活準則不會侷限你。畫出自己的底線，可以給你向四面八方擴展的空間。

第二十四章

# 安息日

安息日的早晨，可以從休憩、玩耍、沉浸在愛好之中這些有益的無用之事揭開序幕。醒來，但不要起床。做做愉快的事。發揮想像力，不要正經八百，要大膽。立下自己的老規矩。別碰任何要緊的事。

——韋恩・穆勒

疲憊不堪是因爲我們不休息。我們大多都把週末拿來追趕落後的進度、處理雜務、擬訂下一週的計畫，而不是在休息或是享受當下的生活。休假時，你大概會做至少一件下列事項：買菜、處理銀行帳務、打掃、洗衣服、洗車、娛樂、趕著補足工作進度、趕著看電視節目、趕著回覆電子郵件、趕著做之前沒趕完的事。這些事情有的是有益的，或有趣，甚至不做不行，問題是你的身、心、靈幾時才能歇一歇？只有掛病號我們才會眞的休息一天。那我們爲什麼生病？

因爲我們累壞了。身體遲早會強制我們休息，但我們卻不肯主動休息，因此必須付出代價。

《安息日》作者韋恩．穆勒指出，雖然安息日對某些人來說是神聖的日子，但任何「讓人打從心底補充活力的滋養與休息」都可以算是安息日。你上一回用滋養與休息來灌溉活力是什麼時候？現代生活的目的是勾引我們的注意力，而穆勒主張，**不妨把安息日當作現代生活裡的庇護所**。穆勒列出了存心要分散我們注意力的事物，諸如幾百個電視頻道、電子郵件、雜誌、排行榜，而我想在這份清單裡再加上臉書、推特、品趣志（Pinterest）等社群媒體平臺。我從小就是聖公會的教徒，不曾守過安息日，不過我一向很欣賞安息日的傳統和儀式。

我喜歡騰出一天來休息的概念，但以前的我才不是這樣呢。多年前我去哥本哈根的時候，對整座城市都在週日打烊失望透頂。我在旅程的最後一天返回一家精品店，想買幾天前試穿的靴子。當我看到那雙靴子被鎖在櫥窗內，心都要碎了。我大可在那一天好好地滋養休息，補充精力，結果我卻把鼻子貼在打烊的店鋪櫥窗上，發出悲鳴：「不行啦，不可以，不可能有這種事！說不定他們中午就開門了。」

時間快轉到幾年後，家裡多了好幾雙劣質靴子的我，只想要穆勒描述的那一種安息日。如果你也是如此，試著遵循以下的簡單作法。

## 如何建立自己的安息日

### 1 訂立安息日的日期。

在你的行事曆寫下日期，鄭重地看待這一天。

### 2 昭告天下。

打電話給朋友，傳簡訊給同事，在推特放出風聲，說你要在某天休假，那一天要與外界切斷聯絡。讓大家知道你不會在那一天接電話、收電子郵件、更新臉書動態。

## 3 守安息夜。

在你預定的安息日前一天晚上不要吃大餐，也不要飲酒。早早就寢，以便第二天醒來時心情平靜，神清氣爽。

## 4 製作安息盒。

這是《安息日》書裡的可愛建議。凡是你沒打算在安息日使用的東西一律放進去。包括手機、平板電腦及其他數位用品。至於裝不下的東西，則想像自己已經將東西都裝進安息盒，比如洗衣機、車，以及其餘會刺激你去做家事或陷入忙碌的東西。另外，待辦事項及憂慮也要包括進去，寫在紙上，收在盒中。

## 5 暫停時間。

度假的時候，我最愛的是不用去管當下是幾點幾分，把時間拋到九霄雲外。如果你可以享受這種奢侈，關閉你的時鐘，不用記掛著那是幾點幾分。餓了就吃，渴了就喝水，累了就睡。

## 6 把「應該」留在安息盒內。

如果你眞心想要休息一天，就別管自己應該或不應該做什麼。如果你想要小睡三次，就小睡三次。在床上吃午飯？有何不可？

## 7 承諾不趕進度。

向自己承諾，你不會在過完安息日之後，趕著補足安息日那一天的進度。

### 數位安息日

作者譚美．史楚貝（Tammy Strobel）在撰寫《在簡單的生活中，我們發現幸福》（*You Can Buy Happiness and It's Cheap*）期間，做過長達一個月的數位安息日。她說：「網路給我多到不可思議的幸福。我很喜歡跟讀者、作家搭上線，也很喜歡隨時知道親朋好友的消息。但如果上網的時間太長，我會不開心，跟眞實的世界失去連結讓我心生不滿。」

如果離線一整天感覺像不可能的任務，就從定期進行短時間的數位安息日開始做。如果你是數位裝置的重度使用者，先從一天一小時全面離線起步。如果你想要檢查電子郵件或看手機，就實際離開那些裝置。去散散步或是出去午餐，不要帶著那些東西。等適應之後，或許你也注意到離線的益處了，試試時間較長的數位戒斷，例如，從晚上七點到早上七點。逐漸累積，直到你一週裡有足足二十四個小時的自由，而且逮到機會就離線。

第二十五章

# 跟朋友們彈吉他的時光不在遙遠的以後

早在決心好放慢腳步之前許久，我便讀過〈墨西哥漁夫的故事〉，但我始終記得故事裡的氛圍。種子已經栽下了。當我費盡九牛二虎之力地想要超越別人，攀上另一座高峰，我會不時想起這個故事。儘管我的人生故事跟墨西哥漁夫有天壤之別，我卻把這個故事釘在辦公室的布告欄跟家裡，釘在公司的業務報告及目標設定表單的旁邊，提醒自己什麼才是最重要的。最早講述〈墨西哥漁夫的故事〉的人是海因里希．伯爾（Heinrich Böll），這個故事有許多不同的變異版，以下附上最簡單也是我最喜愛的版本：

有一位美國商人來到墨西哥一個小漁村，這時一艘只有一位漁夫的小船在碼頭靠岸了。小船裡有一些現捕的魚獲。商人讚賞地看著那些魚，問漁夫花了多少時間捕魚。

墨西哥漁夫答道：「每天只有幾個鐘頭而已。」美國商人又問怎麼不出海久一點，多捕一些魚。漁夫說這些魚就夠養家了。商人接著問：「但你不捕魚的時候要做什麼？」

漁夫說：「我都睡到太陽曬屁股才起床，捕一下魚，和孩子們玩耍，跟我老婆瑪麗雅睡個午覺，每天晚上就晃到村子裡小酌兩杯，跟朋友們彈彈吉他。我日子過得充實又愜意呢。」

商人取笑他。「我大學唸的是商管，我可以幫你。你應該勤快一點，多捕一點魚，多賺一點錢，換一艘大一點的船。憑著大船幫你賺的錢，你可以買好幾艘船；遲早有一天，就會有一支捕漁的船隊。你不要把魚批給中盤商，直接賣給加工廠，最後就自己開罐頭工廠。如此一來，你的產品、加工、經銷全都由你控制。你得離開這個小村莊，搬到墨西哥城，然後去洛杉磯，最後進駐紐約市，親自經營你蓬勃發展的公司。」

漁夫問：「但要花多少時間才能做出這一番事業？」

商人答道：「十五到二十年。」

「然後呢？」漁夫問。

商人笑著說：「然後就是最棒的階段。等到時機成熟，你就可以宣布首次公開募股，把公司的股票賣給股民，大發利市，可以賺個幾億呢！」

「幾億啊……然後呢？」

商人說：「然後你就退休啦。搬到海邊的小漁村，睡到太陽曬屁股才起床，捕一下魚，和你的孩子們玩耍，跟你的老婆睡個午覺，晚上就晃到村子裡小酌兩杯，跟朋友們彈彈吉他。」

## 漁夫故事教給我的最重要的事

每一回讀這篇故事，都會鼓舞我更進一步簡化生活，把愛與精力用在最重要的事物上。這個故事給了我很多啓示，包括以下的道理：

### 1 故事的力量無遠弗界。

這個小故事啓發我去改變生活與工作，至今也仍然在刺激我思考什麼才是最重要的事物。原版的故事是一位企業家去歐洲的海濱地區旅遊，邂逅一位漁夫，企業家指點漁夫如何改善生活。這個故事一傳十，十傳百，衍生出各種變異版本。跟這個世界分享你的本色，分享你的經歷，分享這一切對你的意義，你有太多東西可以跟人分享了。讓我們繼續分享寓意深遠的故事吧。

## 2 改變需要時間。

我得知這個故事的時候，還在賣力地積攢更多的金錢、追求更多的物品，儘管如此，這個故事持續在我心裡發酵。當我看著自己的業績數字，我的視線會飄向這篇故事的文句。我不是從一開始就打算一切從簡，但我對改變感到好奇，後來則全心投入。當我壯著膽子，向靈魂的精簡之道挺進，這個故事大大地砥礪我作出改變。**如果有哪個故事正在你的心底發酵，就給它發酵的空間，慢慢來。等你準備就緒，故事便會支持你的改變。**

## 3 小就是美。

在〈墨西哥漁夫的故事〉中，一艘小船便供應了美好生活的一切所需。你不必有顯赫的頭銜、大車（或船）、大公司，也能擁有幸福人生，做個好人。根據我的經驗，**較小的生活空間與較少的責任義務，可以讓生活更加甜蜜**。

## 4 你已經擁有一切。

如果你老是覺得自己可以過得更美滿、賺得更多、應該步步高昇，記住**擁有一切的祕訣就在於體認到自己早已擁有一切**。

## 5 收到建言是很好，但相信你的直覺更棒。

故事中的美國商人有滿肚子的建議，但漁夫懂得什麼才是最好的。閱讀、做研究、聽取建言，當你知道怎麼做對自己的生活最有益，就照那樣去做。如果你依舊感到茫然，騰出聆聽的時間和空間，因爲你八成已經知道答案了，竟是因爲太忙、太緊繃、太憂慮，才會信不過自己的心聲。別擔心，貼心練習可以助你一臂之力。

## 6 享受喜悅，現在就開始。

你想要現在開始享受工作與生活，還是打算留在自己討厭的職場奮鬥，忍受壓力沉重的生活，等著二十年後享清福？現在就要開始享受喜悅。倒不是說你得立刻改變一切，但今天就開始在生活中注入喜悅。這是你應得的。

## 7 你沒辦法給美好的生活訂出價格。

即使是三千萬也不行。

## 8 跟你的朋友一塊兒消磨時間。

在漁夫的生活中，妻子、兒女、朋友都是不可或缺的。當你與可以振奮你的人共度時光，你也就當場振奮了他們的精神，悄悄疏遠那些不能振奮你的人。

我已經沒有布告欄、辦公室、獨棟的房子。我目前的工作也不涉及業務報告跟業績目標。我擁有的是幸福的婚姻，以靈魂爲核心的蓬勃事業，還有享受咖啡、寫作、跟朋友去健行的美好時光。我沒有大筆生意、大車、大額度的開銷帳戶，但我擁有豐盛而美麗生活，還有滿溢的感恩之情。你要活得精巧，才能活得開闊。

第二十六章

# 精進說「不」的藝術

說「不」是一門技藝。想一想拒絕別人牽涉到哪些要件。你得知道自己要什麼並尊重自己的意願、評量這項請求或機會、放下發出請求的人，這些還只是其中的幾項要件。拒絕之道就如同任何一門技藝，你得先練習拒絕別人，才能夠自在地說「不」。想變出更多時間來做我們最重視的事，拒絕別人是最實在的方法之一。儘管拒絕別人可能會令我們過意不去或者憂慮，但學會拒絕別人依然很重要，因爲我們需要的時間比想像中的更多。我們不只需要時間做平時會做的事，也需要時間來觀照事情，處理思緒和消化情緒。我們需要時間來穿越這個世界，全心投入，沒有旁騖。我們需要時間來單純地活著。**我們需要時間來記住自己是誰**。如果我們有時間在回應別人之前先仔細思考，而不是漫不經心地回應對方，我們會更能夠造福這個世界。我們需要時間來照顧身體，需要時間來傾聽自己的心。我們不應該只做待辦清單上的事項，對於我們心之所向的事物清單，也應該要有執行的空間。比如：好好散個步，或是在筆記本上塗鴉。我們需要時間打電話給朋友說說笑笑，需要時間到海邊或湖畔走走，需要時間來中斷網路幾天。照顧身、心、靈都需要時間，如果我們不抽出這些時間，我們便照顧不了別人，至少照顧的品質會不好，而且撐不了多久。持續照應所有的人，唯獨不管自己，這將會耗盡我們的精力，會招致苦果。

當你的閒暇時間和空間都用在汲汲營營、追追趕趕、捲土重來、維持生計，那便不再是悠閒的時間。如果你要悠閒的時間——真正的悠閒時間——如果你渴望睡足八小時、有像樣的午休，或至少二十四小時不碰電子郵件，你就一定要說「不」。大量地說。說「不」可不簡單，尤其是那些和善而慷慨的人、討好別人的人、習慣凡事都說「好」的人，要他們說「不」就更難了。以下是幾個常見的例子：

- ✓ 好，我會主持無聲競標拍賣會 (silent auction)。
- ✓ 好，我跟你去喝咖啡。

- 好，我會做一頓豐盛的家常晚餐。
- 好，你可以問我問題。
- 好，我開車送你去機場。
- 好，我來接那通電話。
- 好，我會把派對上要用的東西都做好。
- 好，我會回覆手機的全部通知。

這份清單可以無限延伸。

我們都曾在想要回絕別人的時候說「好」。不管我們允諾別人是因爲內疚、害怕錯過什麼，還是因爲想要取悅別人，要知道當你違逆自己的心意來說「好」，你不只傷害了自己，每一位你說「好」的對象也會蒙受傷害。**如果你的心說不要，便會反抗「好」到底。你不會興奮地貢獻自己的心力。你不會做出最漂亮的成績，最後你可能會憎恨自己投入的精神，或是討厭請你幫忙的人。**

如果你很難用說「不」來捍衛自己的時間，以下是拒絕之道的一些技巧，敬請參酌：

## 1 懷著感恩之情說「不」。

強納森・費爾茲（Jonathan Fields）在《如何活出美好人生：感人的故事、驚人的科學、實用的智慧》（暫譯，*How to Live a Good Life: Soulful Stories, Surprising Science, and Practical Wisdom*）建議讀者練習和善地拒絕別人。費爾茲說問自己：「該如何保持和善與敬意，但同時堅定不移地維護自己的需求？那會是怎樣的口吻？」他建議讀者想像自己把現在騰出來的時間，全都拿來做自己真心在乎的事，然後再回絕別人。對人家的邀約要感恩，對方抽出了時間來徵詢你的意願，而且可能是鼓足了勇氣才開口的，對此要心存敬意，當你回絕的時候，要懷抱感恩之情與善意。

## 2 要明確。

說「我考慮看看」之類的話，常常是拖延戰術。當你知道答案是不行，就說不。如果你想答應對方，時間卻不適合，就建議對方改期，盡可能明確。

## 3 要簡短。

作者安．拉莫特 (Anne Lamott) 說：「『不』是完整的句子。」在必要的時候補充說明，但照樣要力求簡短。只要幾句話，便可以充滿感恩之情地拒絕人家。你可以說：「不了，你的好意我心領了。謝謝你想到我，但我有別的事。」這比你長篇大論地解釋自己如何忙碌、如何抱歉來得好。

## 4 先做最重要的事。

如果你早上做的第一件事是檢查電郵信箱，你大概永遠沒機會去判斷什麼對你最重要。先給自己戴上氧氣面罩吧。

## 5 無法說出「這是一定要的啦！」，就該說「不」！

對於認爲自己做太多事情的人，德瑞克．席佛斯 (Derek Sivers) 的破解之道是：「常常覺得自己攬下太多事情或是做事丟三落四的人，或許會喜歡我最近在嘗試的新辦法：如果我對一件事的態度不是『這是一定要的啦！』，就要拒絕對方。意思就是：在決定要不要做一件事的時候，如果我的感覺不是：『哇賽！那一定棒到不行！當然好啊！這是一定要的啦！』——那我的答案就會是不要。**當你對大部分的事情都說不，你便在生活中留下餘裕，供你全心投入自己忍不住說『這是一定要的啦！』的事情，這種事情可是很稀罕的呢**。我們都很忙。我們都承攬了太多事情。向減少事情說『好』，是你的出路。」

## 6 試試禁止說「好」一段時間。

如果你實在沒辦法把「不」說出口，或是你不曉得幾時要說不，幾時要說好，就試試禁止自己說「好」一段時間。在接下來的三十天內，堅決對所有的請求一律說不。練習情意眞摯地說不，一遍又一遍。跟大家分享這項挑戰，不是要你把這當作現成的拒絕藉口，而是要啓發大家也要尊重自己的時間，同時尊重自己在乎的事。

## 7 甩開罪惡感，向內疚說不。

別人陷入困境的時候，你當然會伸出援手，所以當你不肯烤餅乾、不出席一場活動、不願意在三更半夜去機場接人，就別再內疚了。相信自己，相信自己知道什麼對自己的生活最有益，向內疚說不。

## 8 知道什麼才重要。

你面對的選項與決定無止無盡，卻只有極小的一部分眞的對你很重要。持續簡化生活，爲自己創造更多的時間，你跟重要事物之間的關係便會更加穩健。**你得在微小的靜默時刻裡建立自己的力量與韌性，才能夠給這個世界更有意義的貢獻。當你靜靜坐著，將手放在心上，你會知道什麼最重要。**

### 靈魂的去蕪存菁之道

深呼吸。聚焦在當下，問自己在這一秒鐘裡什麼才是重要的。

——葛瑞格．麥基昂 (Greg Mckeown)，《少，但是更好》(*Essentialism*)

我們每天都作幾千次決定。有些決定是本能的反應，有的則是爲了解決問題，需要動用到心智的頻寬。這一切的抉擇常常會導致決策疲乏。我們從早上第一件事情開始作決定。我要起床嗎？還是按下貪睡鈕？要先喝咖啡還是先洗澡？要穿什麼衣服？這雙鞋跟這件褲子搭不搭？早餐要吃穀片還是煎蛋？還是根本就不要吃早餐呢？我們運氣很好，有作選擇的自由，但根據《只想買條牛仔褲：選擇的弔詭》(*The Paradox of Choice: Why More is Less*) 作者貝瑞．史瓦茲 (Barry Schwartz)，選擇的自由沒有讓我們更快樂。史瓦茲說：「沒有選擇的時候，生活簡直教人受不了。不過，我們的消費文化提供種類繁多的選項，在選項變多的情況下，我們從各式各樣的選擇體驗到了強烈且正向的自主權、控制權與解放感。但是選項持續增加的話，擁有大量選項的負面效應便開始出現了。選項的數量增加得越多，負面效應也不斷惡化，最後便超出我們的負荷。這時，擁有選擇不再是解放我們，反而成了束縛。」

如果我們減少作決定的次數，我們會作出更好的選擇嗎？我試驗過以更少的品項來生活及穿搭，而我發現的答案是響徹雲霄的「沒錯」。**當我們可以畫出界線，謝絕會分散我們心力的事，專注在自己真正在乎的事情上，那我們對這些事情的專注**

**程度便可以無限大。**

靈魂的去蕪存菁之道可以緩解你的決策疲乏，讓你更能夠應付必須沒完沒了作決定的日子。讓你的決策過程自動化。釋出寶貴的腦力，分配給其餘的決策與事務。以下是作法：

## 1 從飲食踏出第一步。

我們每天都作出飲食的決定，如果把挑選餐廳、菜單選項、幾時用餐、在哪用餐、肚子怎麼餓了以及超市的四萬七千種食品選項都納入考量，你就曉得決策疲乏是怎麼來的了。改成在超市的周邊地帶買菜，[1]每天吃類似的餐點，去買菜前一定先擬妥清單或是先作好打算。

## 2 假裝網路掛了。

覺得無聊？玩線上遊戲吧。茫茫然不曉得該怎麼辦？上網查一下。寂寞了？上臉書找朋友。網路有無限的選項與選擇，會讓我們誤以為只要按一下鍵盤（接著又按了第二下、第三下），便能夠找到可行的解決方案。問題在於因爲無聊、茫然無措、寂寞而衍生的狀況，是沒辦法從網路上找到解法的。太多的答案與選擇粉碎了創意與明智。**作了太多的抉擇才是問題所在**。跟家人說網路會在每個星期日故障，或是在你方便的其他日子裡壞掉，暫時放下數位的世界吧。

## 3 收回你對電郵信箱的主控權。

電子郵件帶來了太多要作的決定。要回覆嗎？要刪除嗎？要按下寄出鍵嗎？要全部看完嗎？要答應還是拒絕嗎？所有透過電子郵件而來的問題與想法占據你的頭腦，把一大早的清晰思路變得渾濁。雖然市面上有減輕電子郵件壓力的系統，然而駕馭這個局面的上上之策是：**一天只檢查電郵信箱一到三次**。

1 生鮮食品都在店面的周邊區塊。

## 4 求助。

不要爲了作決定折磨自己，或者更糟的情況是你太害怕，吃不消決策的壓力，便乾脆不作決定了，其實你可以請人幫忙（尤其是如果你已經累了，或神經緊繃）。有時候在作決定之前聽聽別人的意見，可以讓你的思緒清楚很多。注意：聽一、兩個人的意見就夠了。你不需要召集一個意見委員會，也不要把求助變成拖延的手段。

## 5 撤銷你的待辦清單。

我們分不出輕重緩急的原因在於要做的事情太多，都不曉得時間該怎麼分配了。你把嗜好與興趣塞到待辦清單的第三頁某處。這些永遠沒有止盡的清單占了上風。清單上的事始終做不完，只能不斷地重新擬定清單。列舉要做的事就耗去了你大把時間，而看著自己還沒做的事情又讓你心情惡劣，這些都令你更加沒空去做那些事。與其如此，只用一份主要的待辦清單。在你就寢之前，挑出一到三件明天要做的事。那些事情都做完後，再重新檢討你的清單或是去散步。

## 6 認清不把孩子送去學十八般才藝也很好。

學小提琴來鍛鍊專注力，參加團體運動來培養恆毅力，上家教課來追求完美，我們把孩子送去做族繁不及備載的各式活動，想養出多才多藝的寶貝。我們努力地爲孩子打造履歷，好讓他們將來去追求他們大概不會想要的那種人生。孩子跟父母都累壞了。挑出一項活動就好，不要包山包海。與其雕琢出十八般才藝樣樣精通的孩子，不如調教出受人疼愛而且懂得愛人的孩子。

## 7 打造完全不用選擇穿搭的衣櫃。

一天裡有多少決定是跟你的衣著有關？我們早上忙著挑選出門穿的衣服，週末則忙著逛街尋找特價品、追趕潮流，即使不是眞的在乎時尚的人，也淪爲服飾的奴隸。建立符合極簡穿搭精神的衣櫃，每一季都用極少的幾件單品來穿搭。我建議以三十三件單品爲上限。

## 8 堆疊你的晨間慣例。

如果你知道自己每天的最初幾個小時會如何度過，而且都是在執行有益健康的習慣，那你早上還沒起床之前，便已經減輕了決策疲乏的情況。第十九章詳盡地說明了建立晨間慣例的方法。

## 9 清除不重要的事物。

**想知道什麼才是自己真正在意的事，就清除一切不重要的事物。**簡化事物可以營造不太需要作決定的環境，讓你把更多的精力與專注力保留給那些需要作決定的事。當我們放手讓事物離去，我們或許會錯過某些事物卻不會耿耿於懷，因爲我們樂得讓最喜愛的事物環繞在身邊，沉浸其中，而且我們的決策所帶來的效益，可不是爲早餐挑選最棒的穀片那種等級的。

## 10 回頭做你的貼心練習。

安排時間去連結自己的心，維護這些時間。持續回頭做貼心練習。持續去問：「這重要嗎？」如果你希望自己對人生裡最重要的事物，不是只有蜻蜓點水般地淺嚐即止，就打造出不必作那麼多決定、也沒有那麼多分心事物的生活方式。這可以大幅改善你的健康、工作、感情關係。

# 第二十七章
## 重拾失落的優哉之道

僅僅是聽到「優哉」這個字眼，也會讓我忍不住慢下來，留意周遭的環境，沉浸其中。第二十章那位以最省時的方法設定微波爐的女性，應該不太會優哉游哉。我們又有多少人做得到優哉？**我們習慣以個人的成就來評估自己是誰，這真的毀掉我們放手、優哉的能力**。曾經有很長的時間，只有借助酒力我才優哉得起來。沒有輔助我放鬆的東西，我就不能放手。如果我強迫自己放手，頭腦便會轉個不停，滿腦子都是還沒做好的事、想著老公會怎麼看待不夠積極上進的我、想著自己會從職場的飛黃騰達之路摔下來，別人卻爬到了我頭頂上。我從未想過如果減少工作量，那我在工作上及生活上的思慮便可以更周全，更有效率。當我禁止自己在車上使用手機，不再十分鐘檢查一次電郵信箱，工作的狀態卻改善了，令我覺得或許退後一步的概念有可取之處。如果你（跟我一樣）喜歡豁出一切地拚命，請想一想如果降低五到十%的努力，你會有什麼感覺。眞的會有人注意到嗎？如果你把那五到十%的心力投入優哉游哉，你處理事情的品質會不會不降反升？如果你沒有優哉的時間，如果你覺得自己忙到不能緩一緩腳步、和親人聯繫情感、照顧你的心，如果你在思考自己分配時間的方法，在此奉上作者蘿拉・范德康 (Laura Vanderkam) 的建議：「不要說：『我沒空。』改說：『**這件事不是我的優先要務**』。」看看你感覺如何。

當我想到優哉，便會記起伊莉莎白・吉兒伯特 (Elizabeth Gilbert)《享受吧！一個人的旅行》(*Eat, Pray, Love*) 當中的一幕。那一幕發生在義大利，她在那一年選擇走訪三個國家，義大利是其中之一。這是「吃」的國家——她在那裡重新認識了「愉悅」。她跟朋友坐在義大利的髮廊裡。她說自己快要慚愧死了，在義大利待了三個禮拜，居然只「學了幾句義大利話跟大吃大喝。」（聽起很讚，對吧？）她的義大利朋友告訴她，她感到愧疚的原因在於她是美國人，美國人永遠都在忙忙忙，累得東倒西歪，要是沒人告訴他們有尋求愉悅的資格，就不曉得要找樂子，所以美國人不懂愉悅之道。那他的解決方案呢？就是義大利人奉行的 dolce far niente「無所事事的美好」。你上一次任憑時間流逝，悠然沉浸在某件事物裡是什麼時候？

或許是享用一頓餐點，或是和一位久久才見一面的朋友消磨時間。或許在在書頁間流連忘返，超過原訂的就寢時間很多才上床，也或許你想不起上一回優哉游哉是什麼時候了。你已經忘了要怎麼優哉了嗎？

## 你忘了如何優哉游哉嗎？

如果你有下列的情況，就是忘了要怎麼優哉嘍……

- ✓ 踩著在機場前往登機門的步伐在逛博物館
- ✓ 匆匆結束晚餐，以便觀賞你最愛的電視節目
- ✓ 遛狗時只是把狗狗牽去信箱拿信，不是帶牠去公園散步
- ✓ 在辦公桌前一邊吃飯，一邊用單手打字
- ✓ 邊吃飯邊用雙手打字，再拂掉鍵盤上的食物碎屑
- ✓ 爲了加班而取消瑜伽課

- ✓跳下床便立刻去洗澡或去沖咖啡
- ✓不用慢燉鍋煮燕麥粥，覺得煮得太慢

我能夠辨識出這些陷阱，是因爲我曾經深陷這些情境。大多數人從小就學會了最要緊的是把事情做完，至於怡然自得、悠然自在、任憑一個片刻揭示下一個片刻的走向，這些則是次要的。塞得滿滿的行程可能包括：得來速餐點、沒有空白的行事曆、開快車、在車上用手機、焦慮、以反射性動作應付事情，而不是深思熟慮地回應外界、衝動購物、單向的對話、錯失跟人聯繫情感並樂在其中的機會。生活中沒有無所事事的美好。

開始擁抱生活吧！這是你欠自己及家人的，**別再只想著要把事情全部做完，因為一切都做完的時候……一切就完了**。想想你每天因爲進入自動駕駛模式而錯失了多少時刻？只要想想昨天就好，在心裡重播一遍。昨天的每一時、每一刻發生了什麼事？你記得起自己跟別人的對話內容嗎？你記得起其他事情嗎？還是腦中一片空白？現在，想一想如果你提早幾分鐘起床、捨棄一項對你不具意義的責任、關掉電視，你便可以開始享用的時間。想想你度假時的感覺（除非你是熱愛規劃的狂熱分子，連每一天的假期都計畫好了行程）。度假的時候，你會拋下一切，有時甚至不會注意到時間。假期結束時，你的心情輕鬆又愉快。你或許會發現自己變得更清楚周遭的情況，保持專注的時間也變長。

重拾失落的優哉之道，便可以在日常生活中注入一些這樣的清明與柔軟。爲了負擔得起下一次度假而增加工作量、延長工時、更賣力地工作，並不是長久之計。**比較好的作法是把度假時的行為融入日常生活中**。這需要練習，要有心，你必須好好地重新調整事情的輕重緩急，然而一旦成功了，你便會更樂在生活，而且副作用是你會充滿愛、更有創意和生產力。開始用聰明的方法工作，不要只是埋頭苦幹。

## 重拾失落的優哉之道的實用方法

**先優哉**。早上起床時，先呼吸然後伸展。在你查看電腦或手機之前，先看看窗外。微笑。以悠緩的早晨爲這一整天定調。

**午餐吃久一點**。跟自己敲定午餐約會的日期。獨自赴約或跟朋友相約。抗拒檢查手機的衝動，要是能把手機留在家裡或關機的話更好。享受一杯氣泡水或香檳。感受舌頭上的氣泡。如果你坐在陽光下，感受皮膚上的暖意。點餐，一次享用一道菜。品味每一口食物。

**創作三十分鐘**。即使你不會塗鴉也試著畫畫看，或者試試成年人的著色畫。不要擔心你的技巧，不管畫得好不好，只要以雙手跟心創作。在下一回的三十分鐘創作時間，試試繪畫或寫作。給自己時間，允許自己優游在創作中。從茱莉亞．卡麥隆（Julia Cameron）的《創作，是心靈療癒的旅程》（*The Artist's Way*）尋求更多創作的動力。二十年來我細細玩味這一本好書及書裡的推薦書單，看了好幾遍呢，這是我現在寫作與創作的原因。

**設計一頓飯**。慢慢烹調好一頓飯來滋養你的身體與靈魂。選擇必須細心烹調的食譜。播放可以協助你融入當下的音樂（以我來說，通常會是黛安娜．克瑞兒［Diana Krall］的音樂給它播下去），不急不徐地切菜、攪動醬汁、擺好餐具。點蠟燭，請朋友或家人來享用晚餐。如果只有你自己吃，坐在桌子前欣賞自己作的菜。把燈光轉暗，在飯廳要禁用手機和電子產品，跟大家說碗盤不必急著洗。如果你已經重建失落的優哉之道，坐在桌前享用餐點的時間，便會超過烹調的時間。

**抽出喝咖啡的小憩時間**。安娜．布隆納斯（Anna Brones）與尤翰娜．肯因特瓦爾（Johanna Kindvall）在《必咖 fika：享受瑞典式慢時光》（*Fika: The Art of the Swedish Coffee Break*）頌揚瑞典的咖啡小憩時間。她們在書裡是這麼說的：「必咖的概念很簡單。必咖當動詞用，也可以是名詞。必咖就是你休息一下的時刻，通常是喝杯咖啡或茶，還要搭配一份烘焙的糕點。可以獨自必咖，或是跟朋友結伴。你可以在家裡、在公園必咖，當然在公司也行。總之，重點是你必咖了，你抽出時間來休息一下：必咖就是這麼一回事。」她們說**這不只是喝咖啡的小憩時間，更是放慢腳步，欣賞生活中的美好事物的時刻**。也就是優哉游哉。

**散散步**。在義大利，幾乎每一座鄉鎮、村莊、城市的人都會在向晚時分出門走一走，稱爲 la passeggiata。意思是「散個步」。他們不是出門去消耗熱量，讓肌肉緊實，甚至也不是要抒解壓力。他們散步就是出門走走看看，露露臉，融入地方。他們在彼此之間流連忘返。下一回你吃完晚餐，別急著洗碗、趕孩子上床睡覺，或是忙你未完的工作，出去散散步，眞的正眼看看彼此。不管你住在哪裡，la passeggiata 吧。

我的父母在二〇一二年移居義大利，他們安頓好之後，我便很期待去那裡逍遙。儘管我開始在家裡優游自在，我還是很希望能在義大利悠哉一下，當作向伊莉莎白．吉兒伯特致謝的方式，她是我對「無所事事的美好」的啓蒙恩師。我們去了米蘭、佛羅倫斯、托斯卡尼，最後到羅馬，我們走了長長的路，我一次都沒有去搜尋太陽眼鏡，也沒有買紀念這趟旅行的小飾品。而是眞正的放鬆享受。我閉上眼睛，認眞品味午餐的紅酒與披薩。我傾聽咖啡豆化爲香醇濃縮咖啡的聲音。我看著大家將硬幣投進特雷維噴泉（Trevi fountain），許下願望，而他們臉上的笑靨令我沉醉不已。我好愛在這些知名的義大利城市閒晃，而在阿雷索（Arezzo）漫步的時候，我才體會到美好的無所事事的奧義。

這趟義大利之行最彌足珍貴的地方不在於事物，而是全然投入當下的經驗，比如：大夥兒圍著擺設得漂亮雅緻的餐桌而坐、一邊在陽臺上幫忙媽媽晾衣服，一邊眺望托斯卡尼的連綿山巒、在鵝卵石鋪成的小街道閒晃。笑聲、火車時光、藝術饗宴、情感聯繫才是寶藏。當你觸及了眞正的寶藏，認出那才是你的珍寶，便會明白其餘的東西只不過是身外之物，於是，你總算願意放手了。

第二十八章

# 遵循大自然的節奏

以前我背離自己，也不記得自己是誰，回顧那段日子，我明白自己怎麼會滯留在那種狀態那麼久。過去，我的心不在當下，至少是不常在當下。我讓自己忙個不停，注意力分散到四面八方，什麼都關注，唯獨不關注當下的那一刻。我的一舉一動，都是在建構邁向下一步的墊腳石。我做一件事的動機，很少是因爲我眞心想做那件事，幾乎全是爲了另一個更大的目標。我爭取自己在未來的立足之地，擔心未來不曉得會怎樣。於是，我根本不可能安住在當下，不能連結到眞正的自己。有的人會陷在過去。**如果我們抓住愧疚與遺憾不放，或是揣測一切原本可以如何又如何，我們便無法投入近在眼前的事物。**

我們也因爲其他種種因素不投入當下，比方說有令我們分心的事物、忙昏頭、覺得被壓垮、精疲力竭或生了病。當我們爲了待辦清單上的下一件事情發愁，惦記著我們擱置的事，煩惱怎麼榨出精力來追趕進度、怎麼維持生計，我們又要怎麼安住在此時此刻，甚至覺得自己穩穩地立足在這個世界上，讓彼此的心還能在對談之間串連了起來？除了前述內在的分心事物，還有手機的通知、臉書的更新等等外在的分心事物，將這些合併來看，便會越來越清楚爲什麼一定要刻意訓練自己活在當下，我們沒辦法自然而然就進入那種狀態。有時候，我會在跟人交談時瞄一眼手機，或是想事情想到出神，但憑著靈魂的精簡之道，我可以更快回過神來，察覺自己跟交談的對象失去了連結，進而減少環境中的分心事物，營造雙方更能連結的氛圍。**靈魂的精簡之道可以協助你創造時間和空間，讓你更關注當下這一刻，或者最低限度，你會更能夠體認到安住當下的意義有多深遠**。當你活在當下，你便有了連結：與你身邊的人連結，與你的工作連結，總之是與你正在經歷的一切連結。

連結是活在當下的效益。另一個效益則是淡然處世。**沉著、平靜、活在當下的人絕不會過度反應**。每一回我過度反應，我就沒有活在當下，而是心有旁鶩、疲倦，或是以其他的方式脫離了當下。其實就是我心不在焉。有好一陣子，我以爲自己創造出做更多事的時間，其實我創造出的是讓心智粉墨登場的機會。我把心智捧上了天。

## 遵循大自然的節奏

活在當下需要**耐性**。愛默生（Ralph Waldo Emerson）說：「遵循大自然的節奏，而大自然的祕訣就是耐心。」散步、健行、欣賞日出，讓我看見了人世間最美麗、最神奇的事物按著自己的節奏前進。數不清有多少次，我想用念力催促別人動作快一點，別擋我的路，讓我可以快快去應付忙碌的一天，但我從來沒有如願。連我聲勢最盛大的嘗試都一遍又一遍地失敗。於是，我只感到挫敗。龜速的駕駛、在雜貨店開支票付帳的人、第一次進行機場安全檢查的旅客、沒有預作準備就來開會的同事，全都令我怒火中燒。怎麼沒人按照我的步調前進呢？

在某個十二月午後的郵局裡，我的匆忙化爲耐心。人滿爲患的郵局裡只開了一個窗口，而排在我前面的女人好整以暇地篩選最合適的郵票。我氣死了。她怎麼還沒挑好郵票啊？等她好不容易搞定了，她轉身，認出了排在我後面的女性。她們好一陣子沒見面了，她們的交談聲我實在不可能不聽見，原來上個月她們倆的丈夫都死於癌症。那女人是爲了寄謝函給出席丈夫喪禮的人，才來買郵票的。淚水在我的眼眶裡打轉，那是憐憫的淚，是悲傷的淚，也是因爲自己的急躁而羞愧的淚。在她們最後一次擁抱之前，其中一位向另一位說：「現在我們可以一起孤單了。」就這樣，我忘了自己的十萬火急。我將那一刻與那兩位女性放在心裡，永遠不會忘記她們的對話。

除了放慢自己生活的步調，抵制忙碌，最能夠讓我保持耐性的作法，便是把別人當作人看待。當一個人費了許多時間選購郵票，她不是在找我麻煩，也並非想毀掉我的一天。她是失去丈夫的心碎女性，她是爲了緬懷丈夫而去選購最適切的郵票的溫柔妻子。

第二十九章

# 貼心練習：將雙手貼放在心房上

又到了貼心時間了。如果你剛開始做貼心練習，請參考第一部曲及第二部曲的貼心練習章節，那兒詳細說明了如何展開貼心練習。如果在閱讀本書期間，你都有持續做貼心練習，或許會注意到自己越來越可以靜靜坐著，甚至你可能察覺到自己內心在期待下一次的貼心時間。假使你的貼心練習並沒這麼平順，或是始終想不到要向心提出什麼問題，或是靜靜坐在那裡等待答案浮現像要你的命，其實你並不孤單。貼心練習我都做那麼多年了，即使如此，有時我也會覺得三分鐘像八百年，也有的時候，我但願跟心的對話永不停止。我做其他的冥想或寫作時也會做貼心練習，如果練習時覺得卡卡的，我就多花一點時間來寫作或靜靜坐著。貼心練習是不是做得毫不費力，是不是每次都得到泉湧而出的答案，其實都不重要。只要持續練習，保持你與心的連結。

潔絲·萊弗利（Jess Lively）是一位專門探討直覺的播客兼線上教師，她會寫信給自己的直覺。她會在自己沒把握的時候問一下直覺，與直覺討論生活上及工作上的各種情況，並且記錄這些釐清思緒的對話。當她在考慮賣掉房子及大部分的家當，以便在世界各地旅行與工作的時候，她寫了以下這封信。

⁂

親愛的直覺：

對於這件事，我應該知道些什麼？妳是被愛的。

我好害怕。我知道妳很怕。

爲什麼我會害怕？因為妳覺得自己可以做得很好，而妳不能那麼做。

這句話是什麼意思？妳想要凡事都安排得好好的。

那這件事哪裡沒有安排好？妳不知道接下來要住在哪裡。

這是你要我做的事嗎？我要妳去愛。

儘管這似乎晦澀難懂，同時，每件事都順順地展開，順利到不行。
沒有遇到障礙或停滯不前的情況。因為這就是妳想做的事。
是嗎？是啊。
怎麼說？因為妳想要體驗自己從來沒想過的新生活。
是喔？對啊。
為什麼？時候到了妳就知道了。
你愛我嗎？愛。我無條件地愛妳。
我不會有問題嗎？對。
我會平平安安的嗎？妳很安全，遠遠超乎妳的想像。
你要我怎麼做？充滿信心地出發。
那艾莉（我的狗）呢？用妳的全心全意去愛牠。

謝謝。我向你致敬。

潔絲並沒有從直覺那裡得到清楚的答案及方向，但她確實安下了心，可以繼續前進。她賣了房子跟大部分的家當，去年在倫敦、里斯本、南非開普敦住了一陣子，還跑了其他城市。如今她過著自己從來沒想過的新生活。

## 打造時間的建議問題

**我怎麼會忙成這樣**？我們很容易認定是日常生活的責任害我們變忙，但仔細反省一下。爲什麼保持忙碌的形象，對你那麼重要？

**這件事對我很重要嗎**？當你考慮接受別人的邀請，問問自己：這件事對我很重要嗎？如此便可以判斷你接受邀請的原因是不是合理。

**這件事一直擺著不做會怎樣嗎**？想一想你待辦清單上的事項。如果不要把你拖拖拉拉不去做的事情移到明天的待辦清單，而是直接將它從清單上劃掉，會怎樣？如果不能放手，可以請人代勞嗎？

**我想要如何運用寶貴的時間**？腦力激盪實際去想如何運用你的時時刻刻。

## 打造時間的行動步驟

以任何順序做完下列的事項，且一次嘗試一個項目。

**建立一項五分鐘的晨間慣例**。少按一次貪睡鈕，用那五分鐘做一件你喜愛的事。你會覺得五分鐘哪夠啊，但這就夠讓你起步了。如果你想做五分鐘以上，抗拒那種衝動。

**使用習慣堆疊技巧，拓展你的晨間慣例**。在你的晨間慣例增加一項五分鐘的活動。一週後，再增加另一項五分鐘的活動。在生活裡留意其他由各種習慣堆疊出來的慣例，看看每一項習慣如何促使你進行下一項習慣。

**採用愉快的紀律**。如果新習慣或新慣例流程很難維持下去，回到第二十章的建議作法，挑出一項來執行，在你的慣例架構中注入更多的喜悅與紀律。

**慎選扛到肩膀上的事情**。如果你的事情多到爆，你有三個選擇：

一、爲你扛起的全部事情擔憂，埋怨自己忙到抓狂。

二、從你的肩膀移除一些事情，爲更重要的事情騰出空間。

三、認清自己扛不動更多的責任，回絕其餘的所有事情，好讓你享受當下，投入眼前的事務中。

**記住，你是有選擇的**。

**別跟自己玩省時的伎倆**。別再用提升效率的技巧節省幾秒鐘了，重拾自己的生活，放慢腳步，對自己運用時間的方式要更有打算。

**抵制忙碌**。進行第二十一章詳細介紹的「二十一天抵制忙碌大挑戰」。或者到

bemorewithless.com/the-busy-boycott 索取這項三週挑戰的詳細作法，我們會用電子郵件寄一份給你。

**選擇可以展露你本色的工作**。好吧，或許這不是「小小的行動」，但抽出時間檢視你的工作。你的生活與工作是緊密相連的。兩者不是相輔相成，就是互相排擠。你在工作中如魚得水嗎？還是你得戴上面具，才能完成工作？必要的話，就考慮換工作。

**成為溫柔的鬥士**。爲你的健康、愛、生命奮鬥，但奮鬥時要溫柔。用你的心畫出界線。

**放下手機**。跟人要有眼神的接觸，人家才曉得你有正視他們，聽見了他們說的話。不必急著拿起手機。假如你會忍不住查看身邊的手機，那就關機，收到別的房間去。

**休息**。別忙到身體透過疾病來逼你休息。按時休息。好好睡覺，不時停下來歇一歇。

**製作一個安息盒**。把讓你忙碌不堪、分散注意力的事物都放進安息盒，好讓自己更容易得到休息。將手機、平板及其他的電子產品都擺進去。那些無法裝進盒中的事物，例如洗衣機、車子等一切會讓你想做家事、又忙起來的東西，則在想像中放進盒中。至於你還沒做完的事及擔憂則寫在紙上，放進盒中。關上安息盒一段時間，好好休息。

**精進說「不」的藝術**。回絕別人的請求，保護你的時間及優先要務。問你的心：「要答應還是拒絕？」信任心的答案。記住，你的心無所不知。

**實施靈魂的去蕪存菁之道**。檢視生活中有哪些領域可以刪繁就簡，以減輕決策疲乏的狀況。從食物、衣櫃、晨間慣例開始做起。

**優哉游哉**。延長坐在餐桌前吃晚餐的時間，要比你下廚的時間更長。品味每一口食物。關上電視機，去看星星吧。

**遵循大自然的節奏**。活在當下。參與你最寶貴的每一刻，你只需要置身其中就行了。

第四部曲

# 打造愛：愛才是真正要緊的事

簡單的生活是回歸愛的路。

凡事都關乎愛。起初我不曉得這個道理，因爲我忙著改變某些狀態，眼裡只有自己的行動以及改變的手段。我見樹不見林，太專注在作法而看不到全局。一開始時，我內心滿溢著恐懼，只顧得了眼前。未來太駭人。下滑的健康令我心驚肉跳，我爲錢發愁，憂慮我會困在不愛的工作裡，害怕我永遠都會不堪負荷、精神渙散、氣力耗盡。置身在那一切之中很難看見愛，但**我踏出的每一小步都消弭了恐懼**。當我的狀態好轉，記起自己是誰，我便有了希望。當我的空間變大，雜物變少，輕盈便隨之而來，成爲化解恐懼的解毒劑。我逐步刪減那些其實沒那麼要緊的事，有了更寬裕的時間，轉換工作跑道，我就這樣得到自由。**希望、光明、自由都是簡化生活的美好副作用，但最棒的成效是我找到了回歸愛的路**。

愛與一切深深交織，愛在你即將進行的所有改變中，在你逐漸成形的新樣貌中，在你打造的生活中。憑著精簡之道，你的衣櫃、廚房的櫥櫃、全部的生活空間都會改頭換面，同時也會持續溉灌你的心。等你把那些令你沉重或裹足不前的事物清理到一件不剩，剩餘的便是愛。

靈魂的精簡之道也會牽引你，讓你找到回歸愛的路。

第三十章

# 回憶寶盒

我以前很愛製作回憶寶盒。從小學四年級開始的每一年，我都用附帶鎖頭的日記本寫東西，將生活的點點滴滴收藏在盒子裡。老爸老媽也忙著收集關於我的回憶。我保存的是學校朋友的信箋，媽媽則認眞地留下我的每一張成績單及老師充滿溢美之辭的推薦函。歲月悠悠，這些東西已經沒有當年那麼耀眼奪目了，但她照樣收著。

有幾十年的時光，我用心收藏著回憶，將這些回憶寶盒從這個州運到那個州，從這個家搬到那個家，卻不管我在人生裡累積的這些玩意兒，其實絕大部分都不具實質意義。這些東西象徵了我人生高低起伏的個人歷史，我以爲自己可以睹物憶往，但我的希望落空了。有幾件東西確實發揮了那樣的效果，但我收著的物品絕大部分只是紙片跟塑膠，早已喪失它們的意義。我在那段歲月裡保存自己的過去，想用往事來塡滿我的未來，但實際上我只扼殺了當下，沒有活在每一刻。

直到我開始動手清理自己的家當，這些東西才突然重要起來。從我成年以後到我展開簡化之旅的時候，我搬家的次數少說也有十次。每次搬家都是放手的大好時機，我卻把所有的東西都裝箱，用氣泡膜包好，再運到新家。每一個新家都刺激我去血拼，累積更多物品，最後又需要更多的氣泡膜。但這樣的作法有一個嚴重的問題——因爲每件東西都很重要，以致沒有一件東西是重要的。

一個層次又一個層次的清理雜亂與放手，讓我看見了自己重視什麼。我在薩凡納藝術設計學院 (Savannah College of Art and Design) 的課本便是一例。我在藝術學院唸書的時候，電腦繪圖跟電子郵件都尚未問世。我對藝術的熱愛永遠與我同在，但那些課本已經毫無用武之地。我爲什麼要保存過時的藝術書籍，卻不抽出時間畫畫或是去學攝影？

我每放棄一件「東西」，靈魂便提出更多要求：**不是想要更多東西，而是要更多那些東西宣稱可以帶來的感受及行動**。有沒有可能不透過那些物品的中介，便達成那些效果？我的靈魂想進行藝術創作，想要有揮灑創意的時間。我必須實現靈魂的願望，而唯一的辦法是放手，騰出更多的空間及時間來滋養靈魂。爲了徹底融入當下生活裡的喜悅，用心投入今天最精彩的點點滴滴，我不能再死死抓著過去。從某些角度來看，我割捨不了舊物，是因為我以為可以留住自己跟一段感情的連結。我保留來自某一段感情的物品，是因為那一段感情還有未解的結，而我期盼在未來化解，或是因為那一段感情太甜蜜，我覺得自己的運氣沒那麼好，以後不可能再擁有相同的美好了。我以為把那些東西收進盒子裡，我就能留住那些感情。你在家裡的閣樓、車庫或床底下，保存了多少段的感情？**愛不會在那些隱匿的空間裡蓬勃發展**。

克莉絲．巴克（Krissy Barker）是大型非營利組織的開發經理，她每次收到生日卡、喜帖、聖誕卡、寶寶出生宣告卡都會收藏起來。她二十六歲的時候，父親因為心臟手術的併發症而意外離開人間，八年後，她的母親在與胰腺癌奮戰六個月後辭世，克莉絲的盒子裡便開始出現告別式的邀請函，越收越多，另外也收藏了一些父母的遺物。當她開始清理雜物，她第一個清的是收藏卡片的盒子。她說：「最好笑的是那些卡片只是裝進盒子，收到衣櫃裡。我從不看那些卡片，不讀內容。」她決定把全部的卡片都看完最後一遍，然後清掉，最後她只留下兩張生日卡——一張來自母親，一張來自父親。她都忘了自己有那兩張生日卡呢，兩張卡片上有父母提筆寫下的動人祝福，因此翻到那兩張卡片便成了一份溫馨的驚喜。當她將兩張卡片收在床頭櫃的抽屜裡。當她清理掉不見天日的卡片盒之後，父母透過卡片向她傳遞的愛便有了立足之地，她也消化掉一些從前年輕時不曉得如何處理的哀慟。她很珍惜那些卡片上的話語，樂於知道卡片離她的心那麼近。

當我清理雜物的旅程進入最後階段，我跟克莉絲一樣，篩揀起每一張褪色的信箋、好壞不一的成績單、牙仙寫給我的信及我的童年舊物。由於保留紀念品的習慣在我成年以後持續了很多年，因此我需要檢視非常多的東西。我扔掉了二十出頭時跟朋友夜遊的照片，慶幸當年沒有臉書，也沒有電子產品，所以沒把那些應該留在過去的回憶變成數位檔案。我扔掉了紙盒火柴、香檳的軟木塞、海灘的沙及各種哩哩摳摳小東西。我留下幾件會讓我露出笑容的東西，而會勾出傷痛的東西則幾乎都清掉。檢視一件又一件的東西，就像重溫每一段喜悅與痛苦的時光。

回憶的運作方式是很奇妙的。我曾經收藏五本畢業紀念冊，當我看著別人寫在裡面的贈言，我可能打死都記不起那些人是誰，但最近在山腳的花園散步，我卻立刻想起自己與母親一起看我最心愛的氣味書，[1]那時我都還沒開始上學呢。

**當你全然投入當下、投入你的感情關係、投入你的生活，你會記起對自己有意義的事**

**物，你會持續累積美麗的回憶**。回憶永遠不虞匱乏。你不必透過物品來緬懷舊事，把東西捧上了天，那些回憶也會自動浮現。你沒辦法把感情、關係及回憶收在儲藏室裡。不論你割捨了什麼，過往的人生照樣會留在你的內心，那些東西只不過是舊日的象徵。

記憶留存在我們內心的方式跟舞者很像。當舞者學習新的舞碼，他們不是只記住舞步和動作的編排。他們吸收整支舞碼，練到可以不假思索地直接跳出來。舞者將這稱爲「肌肉記憶」，動作就印在他們的腦子裡。既然舞者花個幾星期或幾個月便能夠將舞步融入大腦，我們幾十年份的往事記憶當然不會只留存在大腦中，也會銘印在我們的心與靈魂上——我們人生中的每一段感情與經歷全都好好地收著。沒有人可以抹滅這些記憶，沒有任何物品可以取代那些回憶。你的愛情故事、心碎時刻、淚眼婆娑的時刻、喜悅的時刻都在你的血管裡流動，在你最需要那些

1 Scratch-and-sniff book，摩擦書上的加工部位便可聞到氣味的童書，例如，蘋果圖片便搭配蘋果味。

資訊的時候，那些資訊便在那裡等著你取用。**而取用的先決條件是你滌清思緒，並且清理掉那些曾對你有意義但如今卻沒有印象的雜物，回憶才有浮現的機會。**

## 放手的是物品，無價的回憶永在心底

紀念品可能是最難放手的東西，但是要記住，精簡不是一無所有。你不必清空全部的東西，但不妨思考一下，你會如何享受、愛惜自己留下的東西。我明白這是會讓情緒劇烈起伏的過程。我是多愁善感的人，動不動就流淚。當我開車經過別人的婚禮、聽到爺爺奶奶年輕時的故事、烹煮我小時候最愛的點心，我都會眼眶泛淚。因此整頓紀念品可以觸發多少激盪的情緒，包括悲傷與恐懼，我再清楚不過了，然而這些情緒無論怎麼猛烈，都不會比你的愛更強勁。你的格局，遠遠凌駕了你擁有什麼或沒有什麼。如果想要過著充滿愛與幸福的生活，你的行動便必須符合你的心之所向。我們的心知道自己真正的寶藏不在閣樓上，也不在任何實質的物品上。**我們的心知道真正的寶藏是笑容、淚水、時時刻刻、人。**

我第一次篩揀自己存放票根及情書的回憶寶盒時，我的心便飛走了。我想把那些東西統統放回盒子裡，改天再說……或是某一年再說。我認爲自己還沒準備好放手。我想要緊抓不放，我這樣告訴自己：「收著又不會少塊肉，也不會礙著別人。」然後我記起了自己想要的生命品質，是向「這樣做有什麼益處？」靠攏，而不是「這樣做不會造成什麼傷害？」。我想要打造一個可以讓我全然投入當下的環境。我不要沉迷在往事裡，我想要待在盛大、美麗的人生舞臺正中央，跟女兒共歡笑，跟丈夫計畫我們的約會之夜，探索不曾遊歷的城市，去海邊踏浪，跟超棒的夥伴一起工作，寄出新的情書。當我辨識出自己爲什麼要捨棄過去的一切，那些用紙張與塑膠玩意兒建構出來的回憶便再也抓不住我，也留不住我的心。**現在，我不會捕捉美好的時刻，然後裝箱封存，而是擁抱當下，將時時刻刻吸收到自己的內在。**

## 沒人要你的東西

難以放手的人常會寫電子郵件給我。父母的電郵說要把東西留給兒女，而兒女的電郵說不想要父母的東西，請教我應該怎麼向父母攤牌。多數時候，簡單卻可能讓人很難嚥下去的眞相是：**兒女不要你的東西，他們只在乎你**。現在就自己清理那些東西，替兒女省事，將來他們就不必一個頭兩個大地處理你的「遺物」。琳恩．海特 (Lynne Hite) 住在奧勒岡州的本德 (Bend)，是健康美容業的教育工作者及顧問，有兩個十幾歲的兒子。她的先生去收拾亡母的房子，載了一貨車的母親遺物回家。遺物在他們家的車庫一擺就擺了幾個月，最後，琳恩建議先生挑幾件遺物，放在客廳的書架上展示，藉此懷念母親。這時他才能夠鬆手，清掉母親的遺物，也清掉一部分的哀傷，記起他與母親之間最珍貴的回憶。

我不希望自己留下的遺物是裝在收納箱裡面的東西。一百年後，沒人會在乎一九九二年的時候，我的藝術教授寫了一封對我意義重大的推薦函。沒人會在乎我樂不可支地在最後一刻搶到一票難求的音樂會門票，而且我最愛的鼓手還在上面簽名呢。這些東西並不重要，重要的是這些東西的故事。那是我的故事，我會講給在乎的人聽。然後他們會講給其他在乎的人聽。**當我離開這個世界，我希望大家對我的記憶是我有把握在世的時間，好好地愛過**。

## 第三十一章

# 沒有唱片機何必保有唱片？

我爸媽在退休後便搬到義大利定居，也帶走了大部分的家當。我認爲這是出清舊物的機會，但對他們來說，這是緊抓不放的時候。有一次他們回來美國探親，我們出門吃午餐。用餐時，媽媽說要去收拾我舅舅的唱片，從猶他州用聯邦快遞 (FedEx) 快遞寄到義大利。舅舅罹患唐氏症，幾年前便離開人世，他很愛聽音樂。他以一套非常繁複而細膩的規則排列他蒐集的唱片，只有他搞得清楚擺放的規矩。他目不識丁，唱片不是以音樂類型或字母順序排列，但如果你請他拿出某一張唱片，他想都不用想便立馬可以抽出來給你。媽媽搬家時，將這些唱片寄放在她的朋友家。

我問媽媽何必將沉重的唱片寄到義大利，她不但得掏出大把鈔票來付運費，她也沒有唱片機，而且大概有朝一日會再寄回美國。我曉得那些唱片只會被她收在箱裡，我很氣惱她沒有考慮到物流運送的事。她轉移話題，但我還不想放棄。我勸她這些東西不重要，不然帶一張去就好，總比全部都帶要來得有意義。那天傍晚，我回到家裡，思忖起自己的主張多麼有道理，旋即意識到什麼東西對媽媽來說最重要，根本不能由我決定。我應該溫柔一點，應該多體諒她一點的，尤其是我知道那些唱片在她心目中不只是唱片。那是她對弟弟的回憶。媽媽的想法很有道理，是因爲她想要留念手足，而她大概會覺得我建議她捨棄唱片，是因爲我不在乎她，或是不在乎舅舅。既然她相信留住了東西便是留住了人，我迫不及待地想要捨棄那些東西，可能會讓她認定我不在乎舅舅。她或許會以爲我也不會重視她的物品，這也表示我不重視她，以後我應該不會想念她、記得她。

我們可以跟人討論事情、給建議，卻不能指揮人家保留什麼、捨棄什麼；**什麼東西對你最重要，只有你說了算**。幾個月後，媽媽又回來探親，我聽見媽媽的朋友因爲得到那些唱片而向她道謝。她終究送掉了唱片。我只能想像媽媽的心有多痛，但是當她發現這份禮物讓朋友歡喜不已，也看到了她浮現喜悅的眼神。

經歷了這場風波，我醒悟到，當我想起了媽媽和爸爸的時候，我應該更常直接說出口，讓他們明白我珍惜和他們的回憶以及我對他們的愛，都不是跟物品綁在一起的。比如在花園散步時，我記起小時候她會唸書給我聽，或是當我用她的聖誕餅乾食譜來烤餅乾，我記起以前她會讓我幫忙，而我會趁著一批餅乾正在烤、下一批還在等著進烤爐的空檔，小小口地偷吃麵糊。我跟爸爸聽過很多場演唱會，從擠壓樂團（Squeeze）聽到死之華樂團（Grateful Dead），因此只要聽到那些演唱會上表演過的曲目，我都會想起爸爸。還有，每次看到彩虹時，我也會想起他。而在那些神奇的回憶與時刻之間的空檔，那些回憶與時刻永遠都是我的一部分。

或許會有人認爲，我對舅舅的唱片興趣缺缺是因爲我不關心別人，但我現在最關心的就是別人。放下物品給了我空間，讓我可以更重視別人。有了靈魂的精簡之道，我不必留著紀念品，也可以一樣深情念舊。我不必守著物品，也會記住我的父母，記住其他影響我生命的人——他們愛著我，即使我有時候配不上他們的愛。我聽見他們的聲音，看見他們的靈魂，我可以在心裡感受到他們的存在。

第三十二章

# 心的使命宣言

作者強納森．費爾茲分享過一段令人謙卑的經歷，當時他在瑜伽師資訓練營帶領一整班的瑜伽教師做瑜伽：

「二〇〇二年。墨西哥濱海城市。我出汗了，簡直汗如雨下……我赤足待在一間棚屋的中央，地上鋪了地磚，頂上是茅草屋頂，翻滾的浪潮就在咫尺之外。跟我在一起的人是瑜伽神童拜隆．巴帝斯特（Baron Baptiste）、[1]拜讚歌的知名歌手奎師那．達斯（Krishna Das），又名KD，還有一百位接受瑜伽師資培訓的渾身汗涔涔的人類。我們練習，我們教導，我們移動，我們扭轉，我們咬牙，我們伸展，我們發抖。直到我們再也動不了。我的頭在一抽一抽地作痛。水果很多，但我只想要咖啡因，還要電扇。到了最後一天，上課模式變了。巴帝斯特開始喊出各種體位的名稱。

幾分鐘後，他指定第二個人來帶動作。上犬式。下犬式。十指張開。掌心貼地。他又指定第三個人來帶動作，這個人帶我們做完下一回合的拜日式。我看出了這一天的教學模式，知道他的打算。他的教學團隊裡又有三位成員輪流上陣，帶領我們流動，一百人的迷人身軀，一個動作一個動作地度過那個陰雨的早晨。拜隆又親自帶領我們。但我已經計算過時間了。剩九十分鐘。誰要來帶動作？我雙手合十，站在那裡。山式，挺立在瑜伽墊的邊緣上。雙手作出禱告的姿勢，而宇宙透過我沁出汗水。我望著拜隆。我要當第一個。他跟我對上視線，露出微笑，點頭。我離開自己的墊子，開始在教室裡高視闊步。吸氣，我唱誦。隨後的幾分鐘很超現實。我從來沒有帶領過那麼多人的團體。我手足無措。這是我的初體驗。但我在家鄉經營自己的瑜伽教室。如果我還不擅長帶課，未免太不像樣。我比大部分人都強。至少我以為自己很行。我帶完一套瑜伽序列，回到自己的墊子上。巴帝斯特看著我。『少作秀，』他說，『多一點靈魂。』我氣炸了。幾年後，我才能

1 著名的瑜伽教師。

承認他說得對。作秀會掩蓋靈魂。這是我吃盡苦頭才明白的道理。那麼多的虛張聲勢，那麼多的故作姿態，市場定位，全都讓我看不見簡單的真相，也就是我其實不清楚自己是誰。不知道自己在做什麼。而你死都不要別人也發現這些真相。」

**作秀掩蓋了靈魂**。想想你有多少次以一個手段，以小小的作秀來掩蓋自己的靈魂？既然我們漸漸甩開了雜亂、債務、忙碌，下一個要革除的就是作秀。該是停止耍手段的時候了。不再作秀。不求光彩奪目，不求受人欽羨，只求自己眞實與被愛。純然回歸靈魂。你越是下功夫記起自己是誰，要做到這一點便越容易，但照樣會有難度。以自己的心爲依歸，爲你的心擬訂一份使命宣言，一清二楚地認識自己是誰，這可以助你一臂之力。

## 訂立明確的使命

訂立使命宣言。不論是工作上或是活出靈魂的眞相上，使命宣言都是你的個人行爲指南。不要用華麗的詞藻，不要上網查「怎麼寫使命宣言」。將雙手貼放在心房上，閉上眼睛，聆聽。然後寫下你重視的事。包括你是誰、你以什麼方式滋養自己的身分。你可以跟別人分享心的使命宣言，但這是爲自己寫的。一旦你用文字說出你是誰、你重視些什麼，便會更清楚怎樣的行動才符合你的心之所嚮。

## 我的「心的使命宣言」

我要甩開一切自己不在乎的事物，拒絕一切無關緊要的事，進而徹底釐清對自己最重要的事物是什麼。**一件事物必須能夠滋養我的健康，或灌溉我生命中的愛，才會是對我重要的事物。**我要畫出界線，才可以自由地往最適當的方向拓展自己，不會有要向四面八方同時前進的壓力。

**我謝絕完美、比較、競爭。我不憎恨過去，也不讓未來主宰當下。我要牢牢地扎根在當下，我會花時間聆聽自己的心、餵養靈魂，以鞏固自己與當下的連結。**我讓心與靈魂的安靜訊息，指引我作出關於生活及工作的決定。我信得過自己，那些我覺得很合適、很不錯的事物，通常也會很適合我，對我有益。

我用優質的食物、冥想、活動、創意來提振自己，進而提振身邊的人，包括往來密切的親友以及任何人，他們需要的可能只是一個微笑，也可能是改造生活或工作之類的龐雜工程。在工作上，我激勵大家簡化工作與生活，好讓他們可以發掘什麼對自己最重要，沉浸其中，找到回歸愛的路。

**把你的使命宣言當成引導你前進的靈魂架構，而不是一份嚴苛的行為規範。**使命宣言描述了我想要的生活方式，但我跟全天下的人一樣，也會忘了自己的規矩。當我注意到自身的狀態變得混亂，我便回歸根本，提醒自己重新來過。當我忘了靈魂，陷入作秀的行為中，或開始失去自我，就會溫習心的使命宣言。然後便能重新記起。

## 用你的使命宣言來支援……

你本人

在你照顧別人的需求之前，務必先照顧自己。你是第一順位，至於你在職場上效力的對象跟那些在你日常生活中出現的人，包括家人、朋友跟街坊鄰居，全都要排在你後面。因為要為別人效勞，你總得先有能夠付出的心力，要是你沒精神、被壓垮、提不起勁，你能夠給人的協助也很有限，或是會誤導別人。你想要拿出最佳表現的話，就要先讓自己進入最佳狀態。

## 家人

我們會關愛家人，照應家人，但我們也常會設法替他們分憂解勞。為家人效力，不見得等於把他們拉回正軌或解決他們的問題，重點是**陪伴家人**。為家人效力最好的方式是挺身扶持家人，用心對待家人。不離不棄。排除會分散你注意力的事物，那些事物會防礙你正眼看待心愛的人，聽見他們的心聲，珍惜他們。

## 社會大眾

想要為鄰里、國家、世界盡力，**先從關心他們開始，然後坦率一點，讓人看見**

**你不完美的一面及弱點**。敞開心胸去付出愛、接受愛，即使對方跟你不熟，或是你不了解對方，或是對方抱持著你無法苟同的政治立場、靈性觀點等等。從他們身上學習，要相信當你為他們效勞，你也會在當下得到回饋。

## 工作

當你以人為重，工作時自然會有使命感（就算你不愛自己的工作）。如果你可以把對工作的愛、為人效力的心都投入在自己重視的事物上……你就勢不可擋啦。

第三十三章

# 勝利遊行

我絕大部分的紀念品是留到最後才處理。我沒有丟個一乾二淨，但幾乎都清光了。我留下幾張童年的相片，但捨棄了我兩歲時穿的閃亮紅色舞衣。我告別了成績單、學校作業、畢業紀念冊，但我把自己最愛的爺爺奶奶照片改造成書籤，這樣就可以在看書的時候，重溫對他們的回憶。馬克跟我保留了一冊婚禮當天的照片輯，但喜帖、菜單、乾燥花都清掉了。我們難得看一次相簿，但是當我們漫步經過結婚的教堂，或是去那座教堂做禮拜，我們都會想起婚禮的那一天。我每年都會燒掉日記本，同時以電子檔案儲存一些故事和點子。**放手給了我空間，讓我可以去欣賞、感恩眼前的事物**。如果你準備就緒，願意考慮割捨紀念品，試試以下的三個步驟。

## 1 強化放手的能力。

不要從紀念品開始清理。我花了幾年功夫，才準備好放下紀念品。我先從容易割捨的東西開始訓練放手的能力，例如：衣服、重複的廚房用品、沒在用的運動器材，以及與嗜好相關的物品或家具。我培養了幾年放下的能力，才處理我比較捨不得的東西，比方說書籍和紀念品。由於我在那之前便體驗過放下的益處，所以更有放下的力量。

## 2 說出那些東西的故事。

爲紀念品拍照，或是寫下你保留的原因。如果你收藏了女兒的第一件泳衣，寫下她第一次去海邊戲水的經驗。當年你的奶奶教你做她最愛的一道菜，於是你把收錄了那道料理的食譜留存至今，現在就寫下那段往事吧。你一直收著最敬愛的老師爲你寫的推薦函，請你去跟朋友聊聊爲什麼。假如你不喜歡舞文弄墨，不妨用錄音或錄影的形式記錄你的故事。**當你分享這些故事，你會注意到自己的心緊抓不放的並不是物品本身，心想要的，是愛。**

# 3 舉行一場勝利遊行吧。

部落客兼電子商業策略規劃師莎拉・馮・巴根(Sarah Von Bargen)以動人的方式放下意義重大的物品。她說：「我跟全天下的人一樣，家裡有很多、很多充滿了紀念價值的東西，我實在捨不得處理掉。比如我奶奶的古董洋裝、媽媽煮起士火鍋的鍋具、我在巴西教英語時買的圍巾……這些東西全都意義深遠。奶奶的洋裝太緊、太合身，不符合我目前的身型喜好，火鍋的鍋壁太薄，不實用，那條圍巾跟我所有的衣服都不搭。我想了又想，最後建立了我稱為『勝利遊行』的放手程序。我穿著奶奶的洋裝去吃感恩節大餐，姑姑們對洋裝又讚又誇。我跟媽媽討來她最愛的起士火鍋食譜，然後邀請朋友來玩，頌讚融化的起士火鍋。我戴著圍巾去參觀藝術博物館，迎向戶外的冷冽秋風。事後，我在心裡感謝那件物品在我生命裡扮演過的角色，提醒自己不能把物品跟我對人的感情畫上等號，然後滿懷著愛意，將東西放進善願慈善機構(Goodwill)的物資捐贈袋裡，我們家玄關的衣櫃裡隨時都有備用的捐贈袋呢。這樣是有點感情氾濫啦，但我覺得這是向當初送我東西的人致敬的溫馨方式，同時也照顧到我的心願，讓我可以追求更簡單、更清爽的生活。

不論你決定放下什麼，記住減少東西不是要你一無所有。如果你的紀念品可以讓你笑顏逐開，那就展示出來。爲孩子留幾件東西。把小裝飾品改造成新的首飾，把舊錶的零件改造成藝術品，把褪色的情書改造成美麗的拼貼畫。等你作好準備再來割捨紀念品，在可以提振自己的心的前提下，騰出今天可以陶醉其中的空間，供日後收納新的回憶與更多的愛。

第三十四章

# 我的心裡滿滿都是你

我在第一部曲跟各位說了狗狗健力士的故事，提到我們如何找到牠、如何愛上牠。一天下午，我們注意到健力士走路一跛一跛的。牠是奔放、好動的狗狗，不時會受一點皮肉傷，所以我們並不擔心。畢竟，他不就有一次因爲好奇心太過旺盛，結果鼻子上跟臉上都扎到豪豬的刺嗎？

這些年來，牠動過兩次手術，兩條後腿各一次，但這是體型較大的狗常做的手術，尤其是像健力士這種很愛追著松鼠跑的狗狗。話雖如此，牠跛行的症狀持續惡化，我們注意到牠越來越少用右前腿支撐身體。不過除了跛行，牠完全沒有不舒服的樣子。蓓莉跟我帶牠去看獸醫，以爲牠肌肉拉傷，而醫生會開消炎藥，叮囑我們讓牠多休息。

但牠的病情比肌肉拉傷來得嚴重——其實，是嚴重到超乎我們的想像。健力士罹患了骨肉瘤，這是狗狗的惡性骨癌。癒後並不樂觀。九十五%的狗活不過六個月，但更迫在眉睫的問題是令牠腿疼的腫瘤。腫瘤已經侵蝕掉大部分的腿骨，斷裂只是遲早的事。同時，這表示我們的寶貝承受劇烈的疼痛……我們心疼死了，畢竟牠才八歲啊。我們沒有心理準備。這可是健力士，牠是我的朋友、我的寶貝、我的療癒師。我們還沒準備好。我還放不下。

我們的選項只有跟牠道別，或是切除牠的腿。我們哭了幾天，想釐清怎麼做對牠最好，最後我們決定讓牠動截肢手術。健力士曾經療癒了我們一家人，現在輪到我們療癒牠，至少也要把牠應得的愛與冒險全部都給牠。馬克有一件寫著「希望我的為人，跟我的狗狗所想的一樣。」的T恤。這件T恤總是讓我想到不論在任何情況下，健力士始終愛著我們。健力士讓我們成為更好的人，教導我們待人要更寬厚慈愛。

儘管手術不能延長牠的壽命，卻可以給牠三到六個月不會腳痛的日子，讓牠可以在牠最愛的山徑上健行，享受許許多多的擁抱與點心，我們可以用一切方法來向牠道謝，感謝牠在這麼多年來一直鼓舞我們的精神。如果牠在我們償清債務、搬進小公寓之前生病，憑我們的財力，便無法在不增加負債的情況下讓牠動手術，也不能在我去工作時，雇用人手到家裡照顧健力士。

截肢一個月後，健力士回到牠最愛的山徑上。在那一刻，我們知道截肢是正確的決定。我們在三個月、六個月後帶健力士回診，讓牠照胸腔X光，心裡知道醫生可能會說癌症擴散到肺部了，結果一直沒有。我們情願認定是我們的愛太豐沛，寵壞了牠，所以消滅了癌症。可惜，獸醫告誡我們，用三條腿支撐三十六公斤的體重會造成其他的問題。牠的四條腿都有腫瘤，但剩下來的那條前腿承受了大部分的壓力，開始崩解。在手術後將近一年，別說爬山了，牠連散步到我們家那條路的路口都非常勉強。我們爲牠退化的腿做復健，但復健卻趕不上牠衰退的速度。牠很痛苦，身體不適的日子比舒服的時候多，因此在牠截肢將近一年後，我們知道該跟牠告別了。

「悲傷是我們爲愛付出的代價。」這句俗語說得一點都沒錯。在愛過之後又失去狗狗的經驗，讓我知道自己對喜悅、愛、悲傷、痛苦的耐受力，都大得超乎我的想像。我現在也深切地感受到自己這一生最在乎的事物。我清掉了東西，清掉了分散注意力的事物，清掉了對我來說不痛不癢的玩意兒，於是我可以去愛自己的家人（包括寵物夥伴）與生命中的其他人，沒有附加條件。我可以把心放在對我最重要的人事物之上。

我們為健力士安排後事的時候，動物醫院問我們要不要給健力士捺個掌印，留作紀念，而我淚眼婆娑地露出微笑。我拒絕在我們精簡的生活中多添一件物品。我想起了四散在生活各處的掌印──在家具上、鞋子上、露臺上等等所有的地方。不管我怎麼勤於打掃，隨後的許多個月我都持續找到牠的掌印。等到掌印消退或是被洗淨，照樣會滿滿地留存在我的心裡。

第三十五章

# 成為聖徒

靈魂的精簡之道並不涉及任何宗教或靈性信仰，但如果你有興趣，也可以加入靈性的元素。我自幼就是聖公會的教徒，但長大成人後，卻一直在靈性世界裡漂泊。我對自己與上帝的關係很好奇，但《聖經》的內容實在引不起我的共鳴，我也沒辦法只因爲有一群人相信某一套思想，便採納他們的主張。我去過許許多多的教堂和敬拜的地點，跟不同信仰的人一起修習、建立友誼，而我獨自摸索的經驗也相當豐富。我也曾在許多個週日早晨去健行、滑雪，與家人共享愉快時光。我們這一類的戶外活動，有很多在本質上就是靈性的探險。我不知道答案，然而我發現自己可以與上帝直接打交道，不需要中間人，這是令我印象深刻的發現。我喜歡可以自己直接跟上帝打招呼，就像我五歲跪在床邊禱告時那樣。

以我在靈性世界四處流浪的經驗，如果一定要我挑選一間教堂，那還是聖公會的教堂最令我感到安然自在。有一段時間，我很排斥上聖公會的教堂，認爲他們禮拜的儀式性質太重，我很清楚要如何在教堂裡裝模作樣，卻不曉得要如何與神連結（太多作秀，太少靈魂），這令我很挫敗，但不做禮拜以後，我又懷念起那些儀式。原來，對我來說，儀式是人神關係的其中一環。我現在跑得最勤快的教堂，就在我們公寓那條路上的轉角處。馬克和我在那裡結爲夫妻，蓓莉也在那裡上主日學校。

曾經有一段時間，馬克跟我會出席週日早晨八點的禮拜儀式，地點就在大教堂旁邊的小禮拜堂，也就是我們舉行婚禮的地方。我們對主流的禮拜儀式不感興趣。我們想要聽講道。而坐在我們說出「我願意」的莊嚴小禮拜堂裡，也讓我們感到愉快。有一回在禮拜天，泰勒．多爾帝（Tyler Doherty）牧師在講道。他的言語打動了我的靈魂。每個禮拜天，我都會在走進禮拜堂的時候，暗自祈禱泰勒會站在那裡教導我們。泰勒的講道內容是拉薩路的復活。好，老實說，我不清楚大部分的《聖經》故事，拉薩路的復活就是我不熟悉的故事。我沒有留意故事的每一個細節，只想找出能觸動我的訊息。在他說的話裡面，有哪些是我可以落實在生活中、應用在這個世界上的呢？幾分鐘後，我察覺那樣的一段訊息來了。

以下便是我的靈魂從他的話語裡面抓住的訊息：

我想我們對成為聖徒的意義，有時候會扭曲得特別厲害。在我們家裡牆壁上的東西，東正教稱之為聖幛——聖幛上的圖畫描繪出耶穌的一生，許多位聖徒也點綴其間。我們牆壁上的聖徒包括薩羅夫的撒拉弗 (St. Seraphim of Sarov)、隱士泰阿藩 (Theophane the Recluse)、阿陀斯山的息羅盎 (St. Silouan the Athonite) 及其他嚴苛苦修的聖徒。他們在深度祈禱中度過一生，大部分離群索居，達到極高的個人聖潔境界。

但上個禮拜蘿拉．瑞利 (Laura Reilly) 在為我們教區的名冊進行最後的修飾，那時我不禁忖度起我們教區眾多教徒的臉孔，這些容顏形象啊，或許可以視為另一種聖幛，而這個聖幛頌揚的則是聖靈在我們每個人平凡又混亂的幸福生活裡來來去去地做工。畢竟，歸根究柢，聖徒可沒有「變得聖潔的十大要領」，然後在生活中遵循嚴苛的行事規則，他們不是那種人。聖徒的生活應該是什麼樣子，並沒有模式可循。我們企圖推行維多利亞時代的道德規範，試圖以人力控制上帝在這個世界上的做工，想藉此規範怎樣才算聖潔，但上帝會在我們每個人的所在之處與我們相會，為充滿瑕疵、乖張、太過於人性的我們剔除我們內在的雜蕪，保留菁華，讓我們進入耶穌的愛之中。

當我們在一個生活領域中成為聖徒，不表示在人類混亂生命裡的其餘生活領域便沒有缺陷與瑕疵，聖徒的生平故事便是鐵證。誠如神學家羅文．威廉斯（Rowan Williams）所說，聖徒是願意佇立在光中，讓上帝的光徹底照亮的人。他接著又說：「讚美聖徒吧，他們隨時都願意承擔佇立在光中的代價，即使光會照出他們自己的不足與怪異之處。」因此，我們不能把聖徒的特定特質或行為，當作是某種禮儀小姐（Miss Manners）[1]的靈性生活指南來仿效，否則說到底就只是墨守成規。上帝的光照亮我們生命的破杯，展現變化萬千的光彩。一點沒錯，上帝似乎樂於見到我們以各式各樣的方式表達聖潔。我們的上帝不是餅乾模型與抽象理想型的上帝。倒不如說，在洗禮的時候，上帝透過聖靈在我們獨一無二的個人性情及個人經歷上做工，好讓神的愛彰顯在這個世界上。因此，願我們每個人都像拉薩路一樣，留意到上天在大聲召喚我們走進在耶穌裡的新生命，學會放下將我們困在孤立、寂寞、自私自利生活中的壽衣。願充滿弱點與怪癖的我們，學會在自己的生活中以及身邊那些人的生活中，看見上帝的光照進來的地方。

你或許會想：「講道已經講完啦——哇，眞夠短的耶！這是哪一間教堂？」我編輯了泰勒牧師的講道內容，以便爲令我醍醐灌頂的話語，提供充足的理解脈絡。你可以把這些道理落實在自己的生活中，協助自己去連結神，與神對話。如果你對這不感興趣，這一篇鏗鏘有力的訊息裡也蘊含了一些相當重要的生命教誨。

以下摘錄一些我覺得格外醒目的訊息：

「畢竟，歸根究柢，聖徒可沒有『變得聖潔的十大要領』，然後在生活中遵循嚴苛的行事規則，他們不是那種人。聖徒的生活應該是什麼樣子，並沒有模式可循。」

聖徒的生活應該是什麼樣子，並沒有模式可循，而極簡主義者、深深充滿靈性的人的生活，也沒有模式可循。我們是怎樣的人，就是怎樣的人。我們可以停

1 美國記者、作者、禮儀專家茱蒂絲．馬丁 (Judith Martin) 在報紙專欄的筆名，她會回覆讀者關於禮儀問題的來信。

止跟人比較、跟人較勁，不再因爲我們認定別人希望我們成爲怎樣的人，便努力把自己打造成那個樣子，以證明自己的價值。舉例來說，我根據自己心之所向，以家人認同的方式，將極簡主義及精簡之道融入我的生活中。這照顧了我生活中的愛與健康。我建立了對自己意義重大的生活形態，所以別人有什麼意見我都無所謂，萬一哪天我對生活中的哪一部分改變了想法，那都無妨。我是否遵循一套特定的計畫、持有特定數目的物品、保留別人不會想要的東西，這些都無關緊要。我知道什麼才重要。這是我的靈魂精簡之道。

「聖徒是願意佇立在光中、讓上帝的光徹底照亮的人。」

當我們挺身佇立在光中，不顧忌自己充滿了缺點，就會有機會發光發亮，分享自己的故事，讓大家知道我們的本色。同時，我們會讓志同道合的人有機會說一聲：「我也是耶。」

「願我們學會放下將我們困在孤立、寂寞、自私自利生活中的壽衣。願充滿弱點與怪癖的我們，學會在自己的生活中以及身邊那些人的生活中，看見上帝的光照進來的地方。」

當我們捨棄那些束縛了自己的物品，我們便自由了。如果我們一層又一層地消弭那些沒有意義的事物，去除那些讓我們困在黑暗中的東西，我們和別人便都會見識到我們自己的靈魂。持續放手，讓光照進來。

「當我們在一個生活領域中成為聖徒，不表示在人類混亂生命裡的其餘生活領域便沒有缺陷與瑕疵，聖徒的生平故事便是鐵證。」

我們永遠沒辦法面面俱到。我們在某方面的生活可能左右逢源，卻在其他方面的生活跌跌撞撞。我們不能等到自己釐清所有的問題，修正全部的缺點，然後才去做自己，娓娓道出自己的故事。我們必須從一團亂就開始分享故事，反正人生永遠都是一團亂的。

少一點閃亮，多一點真實。
少一點作秀，多一點靈魂。
少一點完美，多一點光亮。

如果要讓光照進來，就要帶著一身的缺點和亂糟糟的生活挺身而出，佇立在光中。

第三十六章

# 過上簡單的生活並不是終極目標

當我決定以擺脫壓力來療癒自己，我沒有打算簡化生活。我沒有打算脫手大部分的家當、辭職、賣掉房子、把衣櫃裡的行頭縮減到三十三件。簡化生活並不在我的計畫之內。其實我沒有任何計畫。我只是想改善健康。一開始我稍微調整了飲食。當我適應了新的飲食，便著手處理下一個壓力來源：雜亂，然後是債務。

靈魂精簡之道的宗旨不是以最少量的物品來生活，不是把冥想時間拉到最長，也不是在跟人較量誰的生活巧思最厲害。有時候，在臉書或其他的社群媒體串流上，精簡之道或其他翻轉生活的作法的確會給人那樣的印象，甚至我們自己心裡可能也是那樣想的，但實際上，那些改變只關乎你——你的心、你的靈魂、你的生命。對你有效的作法未必適合別人。沒有一體適用的辦法。當我們把整顆心都放在追求極簡主義、精簡之道、消弭雜亂、清爽的衣櫃，很容易便會相信簡單的生活是唯一的美夢，但簡單的生活不是最終的目的。**我們清除雜亂、減少壓力、抵制忙碌，不是為了過上簡單的生活。我們做這些事是為了活得像個人。**

如果我們老是被不夠簡單、雜物充斥的生活壓得喘不過氣，便會看不見自己眞正的目標。**我們致力精簡，才可以在生活裡填滿自己真心在乎的事物。**對我來說，就是活得有目的、有情感連結、有貢獻、有冒險、有歡笑、有清晨、有幽靜的夜、也充滿愛。你的清單或許不太一樣，然而當你去做會令自己心花朵朵開的事，也會比較容易放下那些讓你不愉快的事物，包括完美主義與跟人作比較。

下一回還完哪一張信用卡的卡債、或清理衣櫃、或完成哪一道簡化生活的步驟，先停下來。在進一步簡化生活之前，想一想：**你究竟想從人生得到什麼**？現在應該進一步簡化生活嗎？還是應該與心愛的人增進情感？現在是再接再厲整理書架的時候嗎？還是應該去創造新的事物或回饋社區？也或許，現在該是好好休養生息的時候了。

如果力求精簡就是你簡化生活的目標，那便像爲了苗條而改變飲食或節食一樣空洞。那不會教人心滿意足，而且不可能持久。當你在生活裡開創出更多的時間、精力、空間及專注力，便能好好打造這樣的簡單生活，讓你可以興奮地迎接每一天。善用簡單的生活去好好經營人際關係。強化自己的信心，去你想要落腳的地方生活，在你想待的地方工作，最重要的是，**你終於真的做自己了**。

**如果你清理雜物清得很挫敗，或是懊惱自己錢花得太兇，或是你不確定這場簡化之旅會走向何方，提醒自己，你不是在開創簡單的生活，你是在打造人生**。

第三十七章

# 精簡之道是回歸愛的道路

精簡之道帶領我回到心愛的人身邊，從事我熱愛的工作，過著每天至少會綻放笑容九十九次的生活。當你踏上靈魂的精簡之旅，請你在途中尋找愛的影子。一開始，你可能很難看出愛在何方，尤其是如果你在擔心自己得走多遠的路，或是你害怕改變的話。當持續尋找，在平凡的時刻與活動中留意愛的存在。當你漸漸創造出寬裕的時間與空間，也會越來越容易在其中見到愛。

或許你會從整頓廚房的雜亂展開精簡之旅。當你清除廚房的雜物，廚房桌子上不再堆滿帳單、學校作業及一切無處可去的東西，這種清爽，將瞬間讓廚間房餐桌與餐桌上的美味爲之一亮。零雜物的桌面讓你重拾健康的飲食、家人的歡笑，還有浪漫的燭光晚餐。這就是你回歸愛的路。

或許衣櫃是你走向精簡的起點。一開始，你主要是會進行衣物的分類與捐贈，不再合用的就丟，保存良好的就捐出。但一段時間後，你精簡的穿搭會贏得更多的讚美，決策疲乏的情形減少，而你覺察到自己每天活力四，因爲自己每天穿在身上的都是你眞心喜愛的衣服。你不再穿那一條腰太緊的牛仔褲、那件你跟爛人交往時最常穿的外套，還有那雙明明會咬腳但卻因爲所費不貲就留著的鞋。你擺脫了罪惡感、悲傷以及一切與衣物串在一塊的情緒，找到回歸愛的路。

如果你長年以來都保留各種嗜好會用上的工具裝備，家裡便可能有好幾套運動器材、手工藝材料、日記、健行裝備或電動遊戲等等，然而你目前的生活時間根本不夠，或是你的心思早已不在這些活動，也早已不再碰那些嗜好了，比方說你對露營或DIY首飾的熱忱早已蕩然無存，或是忘了自己多麼喜愛這些事。現在就放下那些來自過去的東西：你根本沒在用的帳篷、你伴侶拒騎的雙人自行車，或是你收在箱子裡以備不時之需的那一大堆物品。挑出一項能讓你眉開眼笑、回歸愛的活動。你有滿腦子的絕妙點子、躍躍欲試的計畫，但你卻沒有實際去做，或總是半途而廢？你能放下什麼事物，來讓自己拿出最佳表現？有哪一項計畫是現在就可以決定開始執行，並且把其餘的計畫往後挪？你對自己擱置的計畫可能會漸漸退燒，話說回來，**你可以把全部的熱情都投入到你決定執行的那一個計畫上。去做可以讓你的心忍不住要歡唱的事，就這樣找到回歸愛的路。**

如果你很難快樂起來，覺得自己必須踏破鐵鞋地尋尋覓覓，去證明自己的實力，或是你常爲了追求完美，不斷跟別人作比較，以致很難得到喜悅、沒有自信也喪失希望，這裏有個簡單的方法可以讓你重回愛的環抱。出門去看看雲，去湖濱漫步，或是在公園裡深呼吸。大自然會提醒你，你已經夠好了，你值得找到回歸愛的道路。

**當你簡化自己的行事曆，在你的心說不要的時候拒絕別人，便會有更多的時間來照顧自己、思考、悠哉。**在絕大多數的早晨，我不收電子郵件，不忙工作的事，不打掃家裡。通常，我在早上只照顧自己的心，我覺得這種日子還不賴。放下那些你認爲自己不得不做的事，對你的心下功夫，就這樣找到回歸愛的路。

第三十八章

# 另一種形式的豐盛

**女兒是我唯一重要的事**。我的債務、訴訟費都更吃重，對未來的不確感也攀上新高，但我堅守自己的誓言，決心給女兒更好的生活。我要給她全世界。我工作要更拚，賺更多錢，給女兒買更多東西，爲她做更多，向她證明一切都會沒事的。我壓根兒不曉得這個新目標對我的心來說一樣殺傷力強大，一樣苛刻。

我想多給女兒一點的心願並沒有錯，只是走上了偏鋒。當時的我說不出這種話，但我的確想讓我們母女倆的日子舒服一點，不過我要的不是更多的身外之物與金錢。我要的是更多的愛、更多的情感連結、歡笑和冒險，問題是這些東西實在太難衡量了。於是，我多多賺錢，多多工作，多多花錢，也多多囤積。而簡約的生活爲我開啓一扇大門，讓我得到不同形式的多：更多空間，更多時間，更多光明，更多自由，對……還有更多愛。

萬事的核心始終都是愛。媽媽每回帶我去波士頓看醫生，都會傾注滿滿的愛給我，而我爲了疼愛三歲的女兒，即使她根本不可能懂得聖誕禮物背後的情意，我也不惜負債硬是買來送她。所有我追求的更多……並不只是爲了蓓莉。同時也是爲了我自己，因爲我不僅認爲「更多＋更多＝更多」，也以爲「更多＋更多＝愛」。直到我放手，我才看出了愛可以獨立存在。愛不是只能依附在禮物、血拼、高額的工作獎金或是別人的肯定之上。我不必去贏得愛，也不必證明愛。**當我擺脫了雜物、債務、忙碌、把我生吞活剝的分心事物，愛便圍繞在我身邊，無所不在。**

我受夠了。

我已圓滿俱足。

我不需要更多別人的認可。

我不需要更多的金錢與物品。

我再也不需要追求更多了。

**當我發現自己不必依賴外物就已經圓滿俱足，我看見自己就是愛。**我是愛，你也是。我們一向就是自己在追尋的愛。只是我們用層層堆疊的雜亂、忙碌、作秀來保護自己不受痛苦，愛就這麼被掩蓋住了。

## 鑽石不是我這個女人最好的朋友[1]

鑽石不是我最好的朋友，但曾經是。以前不只珠寶是我的好朋友，所有我買來提振自己、證明個人價值、展示愛意的東西也都是。後來我越來越貼近自己的本性，開始從簡約的新境界體驗這個世界，我察覺到鑽石可不是我這個女人最好的朋友。我最好的朋友是屋頂上的神奇日出，是海洋，是山間漫步，是平靜的午後，是精彩絕倫的好書。我最好的朋友是歡笑，是見識這個世界，與心愛的人共度時光。鑽石跟我最好的朋友們都沾不上邊。

所以沒錯，我想要更多，但不是物質上的多多益善。我想要更多的清晨，更

1 典故出自瑪麗．蓮夢露的名曲〈鑽石是女人最好的朋友〉，曲中喟嘆女人靠山山倒，靠人人跑，還是鑽石最可靠。

多的健行、更多與大自然的連結，更多有意義的對話與牽手。更多的見識世界。更多創意。更多瘋狂的點子。更多愛。永遠都要更多愛。

憑著靈魂的精簡之道，以更少的東西過生活，我的人生變得超乎想像的豐足。我不再想著要更多金錢、更多東西、更多忙碌、更常違背自己的本性，去滿足別人對我的要求，轉而享受起不同形式的更多。我更能夠展露自己的本來面貌，更能夠與自己的心連結。我有更多的心力去關照我心愛的人，去進行我在乎的計畫。我更能夠把心放在當下，精神更專注投入。我在生活中有更多的空間、時間、愛，而且所有我從八百年前就渴求能夠多一點的事物，現在我全都一應俱足。

對精簡之道如何雕琢我的內心、改變我的感情關係、影響我的工作，我不斷得到新的體會。一開始，我的旅程重心是鏟除雜亂、清償債務、換小房子之類的事情。**率先出現變化的是外在世界，然而真正的轉化是發生在內心。我放下的每一件東西、責任與假設，都讓我記起了自己是誰。**我看見自己偏離了正軌十萬八千里，所以我把回歸自己的本色視爲第一要務。忘了自己是誰、過著違心的生活是很痛苦的。回歸自己的本性吧，多多做自己，不計代價。把你需要的所有空間、時間與愛都給自己吧，記起自己是誰。

第三十九章

# 呼叫所有跌跌撞撞的人

現在我出了書，大家或許會覺得我已經無所不知。然而，事實上這一路我常是跌跌撞撞地走過來的。有時候……

我覺得自己沒有經營生意的能耐。

我不曉得自己能不能寫出啟迪人心的文字。

我沒有給我愛的人應有的禮遇。

我吃下有損健康的食物。

我會偷懶沒去運動或靜心冥想。

我感到有點迷惘。

我從來沒有立志追求完美，事實上我離完美還差得遠了。當我不跟自己老實，當我強求事情照著我的心意發展，當我待人處事的態度牴觸自己的價值觀，我磕磕碰碰的時候就更多了。當我感到氣餒，恨不得自己無所不知的時候，我會記起自己最混亂的人生時期激發了我最深刻的轉變。在天下大亂的時候，不管亂源是健康危機、財務問題、瀕臨崩毀的感情、強烈的不確定感，你會很難看見光明。風波幾時才會平息？平息之後會怎樣？有時候，在我們恢復明智之前，我們會陷入雞飛狗跳、痛苦不堪、愧疚懊悔當中，這些都是坐困愁城時的常見情況。所以，沒錯，卡在困境裡很痛苦，卻也很寶貴。穿越障礙可以助長你的自信，你會學到原來自己那麼堅強，又具有韌性，而且混亂總會結束的。收拾完爛攤子的經驗，可以為你減輕下一場難關的謎團跟戲劇化的場面。有時候，只有苦不堪言的大混亂才能夠打醒我們，刺激我們改變，最後連悔不當初的愧疚也能放下。當我們觸目所及都是自己的不完美，顯然我們得一一面對那些不完美，才能學到教訓，得到療癒及無與倫比的祝福。

我們可以帶著罪惡感、怨懟、懊悔來回顧以前我們跟人、金錢、物品、時間的關係，但這是何苦為難自己？如果為了自己過去的行為而嫌棄自己，我們要如何去愛自己的本來面貌？如果我們不愛自己的本來面貌，又要怎麼去愛我們現在生活裡那些棒呆了的人？對於我們現在擁有的寶貴時間，又要怎麼更有想法、更有計畫地去善用？總得先看見自己的問題，才能設法解決問題。比方說，如果你糟蹋身體，以致健康亮紅燈，或是你揮金如土，陷入財務困境，或是你沒有善待自己的情人，以致關係烏煙瘴氣，你得先承認自己的問題。看見問題所在，看個一清二楚。

看見問題後，才可以作出選擇。我們可以沉溺在內疚裡，讓爛攤子不斷延長，繼續痛苦下去。或是我們可以宣告：「事情已經發生了，現在我要改變作法。」倒不是說我們要去改變過去，而是我們憑著改變與成長，在今後重獲希望與療癒。如果以前的爛攤子留下了深深的愧疚與悔恨，讓你你無法做出改變，可以試著放下那些負面的情緒。不計一切代價地放下。書寫、向你傷害過的人道歉、將這些歉意寄送到天堂、宇宙、大海，都可以釋放你的痛苦。然後原諒自己。從自己開始原諒，如果你要疏通自己一直揹負著的淤塞情緒，第一步通常就是原諒自己。重新來過，要知道你跟你身邊的人都值得更好的生活。以感恩取代罪惡感。

如果你也在跌跌撞撞的狀態前進，對自己不要太過嚴苛。優雅地跌跌撞撞吧。懷抱好奇心，以新手之姿面對事情。消弭過度的劇烈反應、恐懼、憂慮，保持事態的單純。微笑，呼吸。儘管現在的你看不見終點，但一切都終究會沒事的。**享受路上的風景**。在你東倒西歪地前進的時候，看看四周。你眼睛或許緊盯著最終的結果，但你在這一路上邂逅的人物與自然而然出現的教誨，也是你這一趟旅程中的重要的收穫。**持續寬恕**。你會不斷犯錯，不是因爲你有瑕疵，而是因爲你是人。**求助**，與願意陪著你踉蹌前進的人攜手合作。我最棒的老師總是不斷學習，而且願意承認他們也還沒釐清一切的道理。將你的雙手貼放在心房上，一再地回歸自己。

誰要是宣稱自己知道一切事物的答案，定是滿口謊言。如果我們想要不斷地學習、去愛、成長、茁壯，我們就需要少一點專家，多一點以優雅的姿態磕磕碰碰的人。讓我們把專家或大師的頭銜擺一邊，一起優雅地跌跌撞撞吧。

第四十章

# 貼心練習：將雙手貼放在心房上

如果你很難靜靜坐著，或是貼心練習挑不起你的共鳴，就把你認知中貼心練習的作法拋諸腦後。忘掉我給你的指示。改變作法，創造你可以聆聽並建立連結的環境。試試坐在你最愛的椅子上、躺在床上（除非你真的很睏）、在地上鋪條毯子，躺在上面，雙腿靠在牆壁上。如果你覺得跟自己的心說話很白痴，就改成上帝、佛祖、宇宙、你的直覺，或任何你特別喜歡的對象。不要害怕去試驗、改變作法。或許你就是得改變作法，練習才能真的進入狀況。一旦打造好適合進行對話的舒適場所，你的貼心練習便會漸入佳境。將雙手交疊在心上，從這個簡單的舉動得到慰藉。「我把你捧在手心上了。我尊崇你。我信任你。我在聽。」

## 打造愛的建議問題

**我愛自己嗎**？聊聊爲什麼你愛或不愛自己。如果答案是你愛自己，繼續問你如何愛自己。日常生活上是否能作出一些小改變，來更寵愛自己？

**我是不是利用禮物或其他的有形物質來證明自己的愛**？你用這些禮物來代替自己去陪伴心愛的人嗎？這些禮物是否取代了溫情的話語或行動？

**我的心裡有滿滿的什麼**？你放在心上的是些什麼人、什麼寵物、什麼回憶？如果你心裡有滿滿的愧疚、懊悔等等令你悲傷的事，你終於肯放手了嗎？你要在心裡裝滿什麼，由你決定。

**我光彩奪目而受人欽羡，還是真實而深深被愛**？我是偏向作秀還是偏向靈魂？反省你在家裡、職場或不同人面前的行爲。你會在人前戴假面具嗎？還是以自己的本色來對待別人？

**為什麼我害怕佇立在光中**？想一想那些讓你不站在光中的事物。爲什麼你不要別人知道你的眞面目？如果別人發現你的眞面目會怎樣？說不定他們會說：「我也跟你一樣耶。」然後愛上你。

**在我真情陪伴的人裡面，有誰不是以真情來對待我的**？如果你花時間陪伴的人是一個要求你證明自我價值的人，是在身體上或情感上傷害你的人，或是一次又一次把你踩在腳底下的人，開始多抽出一點時間，去跟那些可提振你的人共處。不要用「應該」、「理應如此」來讓自己愧疚。你值得更好的待遇。

**我可以放下什麼來騰出空間，以便容納更多的愛**？想一想你可以做些什麼事，來讓更多的愛進入你創造的時間與空間。

## 打造愛的行動步驟

以任何順序完成這份清單上的項目，一次試一種。

**放下你覺得別人以後會想要的東西**。不要猜測或假設別人會想要那些東西，直接問他們：「你要這個嗎？」如果答案是肯定的，就把東西交給對方。如果人家說不要，就清掉吧。

**享受你的紀念品**。挑出幾件對你有意義的紀念品，看是要展示出來、實際使用，或是效法克莉絲處置父母親筆贈言的方式，將那些東西收在貼近你心房的地方。

**捨棄裝模作樣**。開始注意自己在不同人的面前、在不同的情況下都怎麼待人處事。你什麼時候的舉止會不太符合你本來的面貌？停止證明自己，也不要拚命讓自己融入大家。做自己就好。

**寫出心的使命宣言**。包括你是誰、你的主張是什麼、什麼對你很重要，都寫下來。在你遺忘的時候，就用這份宣言記起自己的初心。

**累積清理雜亂的能力**。先別動那些揪住你的心的東西，從容易下手的物品開始清理，累積放手的實力。

**用文字娓娓道出那些物品的故事**。如果你保留紀念品只是爲了回憶，就拍張照，用文字寫下那些回憶。爲你的溫情故事建立電子檔案夾，然後清掉東西。

**舉行勝利遊行**。給每一件東西最後一次出場的機會，用心且充滿感恩之情地使用它，然後跟它道別。

**佇立在光中**。瑕疵、裂痕……什麼的，統統帶進光中。所有的情感連結與啓發都在光中。那是你改變世界的起點。

**打造可以讓你一天至少笑上九十九次的生活**。把你的心思從**打造簡單生活**，切換成**創造人生**。簡化只不過是你的工具；你要拿這項工具去開創什麼，由你決定。

**在平凡的時時刻刻裡留意愛的存在**。你不必看到自己眼冒愛心，也曉得自己戀愛了。尋找愛的蹤影。愛無所不在。

**將你的心視為第一要務**。早上睡醒時，先照顧你的心。電子郵件、髒碗盤、髒衣服、其餘的一切都可以晚一點再說。將雙手疊放在你的心上，即使只有幾分鐘也好，在你開始一天的生活之前，記起自己是誰。

精簡之道的重點不是整理放襪子的抽屜跟整頓流理臺，這是你記起自己是誰的起點，也是你回歸愛的途徑。那要從哪裡開始著手？就從這些行動步驟或是散見本書各處的建議裡面挑出一項，不管挑哪一項，都不會錯的。沒有哪一項比其他項更重要。你如何展開這趟旅程並不要緊，重要的是你眞的上路了。依據最符合你心意的順序，依據最符合你靈魂、家人、生活的需求的順序，展開你的靈魂精簡之道。

就從將雙手交疊在你的心上開始吧。

# 謝辭

如果沒有下列人士的支持、鼓勵、智慧與愛，就不會有這本書。

感謝我優秀的作家兼經紀人溫蒂．雪曼 (Wendy Sherman)。我很確定，我們第一次在電話上洽談的時候，就愛上彼此了。

感謝強納森．費爾茲 (Jonathan Fields) 介紹我認識溫蒂，給了我各方面的協助。我時常想起強納森在我們還緣慳一面的時候，就在電子郵件上寫著：「看到妳展翅高飛，我也會開心啊。」

感謝我的編輯莎拉．卡德 (Sara Carder) 與她在塔契爾佩里吉 (TarcherPerigee) 出版社的工作團隊。謝謝她相信我們可以合作這本書。

感謝潔敏．強森 (Jayme Johnson) 在書籍世界裡牽起我的手。

感謝海蒂．拉森 (Heidi Larsen) 和泰莎．沃夫 (Tessa

Woolf)，她們是我的閨蜜，也是跟我一起鬼混的姊妹淘，她們協助我逃離企業界，爲我的每個瘋狂點子加油打氣，伴我慶祝我的每一次勝利，從不懷疑我寫得出這本書。

感謝我的朋友：芮秋・尚肯 (Rachel Shanken)、黛安娜・萊瑟 (Diana Riser)、凱莉・帕克特 (Kellie Puckett)、譚美・史楚貝。我們不常見面，但每回見面都像我們不曾分開過。寫這本書的時候，你們每一位都是我想起很多次的人。

感謝我致力實現美好生活計畫的大家庭及全部的瑜伽老師，特別是珍妮佛・艾倫・亞當森—赫爾斯 (Jennifer Ellen Adamson-Hulse) 與史考特・莫爾 (Scott Moore)。你們不但指導我瑜伽體位，更教導我如何找到自己的心。你們的許多教誨灌溉了這本書。

感謝安・瑪莉 (Anne Marie) 與大衛 (David)。謝謝你們砸下大把時間，騎單車騎了那麼長的距離來籌募終結多發性硬化症的資金。我好愛你們，謝謝你們爲我奮鬥。

感謝布瑞塔 (Brita)、保羅 (Paul)、莫琳 (Maureen) 在我們初次見面的那一刻，便歡迎蓓莉和我走進你們的心裡。我愛你們所有人。

每一位覺得被我的文字觸動的人、分享我部落格文章的人、在我的臉書貼文按讚的人、出席精簡衣櫃巡迴活動（Tiny Wardrobe Tour）的人、寫了充滿溫暖電子郵件給我的人、在網路上與我共同成長的人、參與「精簡更寬裕」（Be More With Less）社群的人，我感謝你們。我好愛你們。

感謝我的父母南西和喬治，你們給了我豐沛的愛與支持，並且和我分享義大利。媽媽，妳教導我旅行的奧義，還有永遠對世界保持好奇。爸爸，你教導我如何欣賞彩虹，還有怎樣用一輛 MG 汽車拖走 Volvo。我超愛你們倆。

感謝我的姊妹兼朋友愛莉森．杜佛（Alyson Dopfer）。跟妳、安德麗亞（Andreas）、艾克索（Axel）、愛勒莎（Alexa）一起在德國看牛、爬山已經是我最喜愛的活動之一。我努力將自己在那裡感受到的悠哉融入本書的書頁間。我好愛你們每一個人。

我還要感謝我心愛的人。

感謝馬克愛我，支撐我度過一切。

感謝蓓莉。妳是我的全世界。給妳一個親親跟抱抱。

國家圖書館出版品預行編目(CIP)資料

療癒人生從衣櫥只留33件單品開始：從心簡單，我治好了重症、花錢惡習和混亂人生 / 蔻特妮.卡佛(Courtney Carver)著；謝佳真譯. -- 初版. --
新北市：李茲文化, 2019. 04
面；公分

譯自：Soulful simplicity : how living with less can lead to so much more

ISBN 978-986-96595-3-6（平裝）

1. 簡化生活 2. 生活指導

192.5 108001374

# 療癒人生從衣櫥只留33件單品開始：
## 從心簡單，我治好了重症、花錢惡習和混亂人生

作　　者：蔻特妮・卡佛 (Courtney Carver)
譯　　者：謝佳真
責任編輯：莊碧娟
主　　編：莊碧娟
總 編 輯：吳玟琪

出　　版：李茲文化有限公司
電　　話：+(886) 2 86672245
傳　　真：+(886) 2 86672243
E-Mail: contact@leeds-global.com.tw
網　　站：http://www.leeds-global.com.tw/
郵寄地址：23199 新店郵局第 9-53 號信箱
P. O. Box 9-53 Sindian Taipei County 23199 Taiwan (R. O. C.)

定　　價：340 元
出版日期：2019 年 4 月 1 日 初版

總 經 銷：創智文化有限公司
地　　址：新北市土城區忠承路 89 號 6 樓
電　　話：(02) 2268-3489
傳　　真：(02) 2269-6560
網　　站：www.booknews.com.tw

Change & Transform

想改變世界・先改變自己

Change & Transform

想 改 變 世 界 · 先 改 變 自 己